ハラスメント
なんてした
ことがない

ルールを
守って
生きている

そんな
あなたが
実は
危ない！

はじめに

　みなさんこんにちは。弁護士の菊間千乃です。

　本書のタイトルにも入っている「コンプライアンス」という言葉、聞いたことはありますよね。日本語では「法令遵守」と訳されることが多いのですが、実はここが問題なのです。

　法令遵守といえば、法律を守ること。もちろんそれは大事です。でもそれだけでよいのでしょうか？　法律違反ではなくても、社会人として許されない行為だとして非難されることってありませんか？

　私はコンプライアンス研修をするときには、**コンプライアンスとは「法令遵守など」であり、この「など」もとても大事**なんですよ、とお伝えしています。**法律の周辺にある社会のルールや、社会人として求められる行動規範**といったものです。こういったものは時代と共に変化していきます。法律も時代に合わなくなれば、改正されていきます。変化についていけず、昔の知識のままで

いると、状況を見誤り、会社の中で懲戒処分を受けるような事態に発展することがあるかもしれないのです。

いまの時代の「アウト」とは？

　実際に私が担当した事案では、大勢で飲み会をしている時に撮った写真をSNSの内輪のグループで共有していたところ、その中に、A子さんの洋服が少しめくれあがっているような写真があったとして、A子さんから会社にクレームがきたというものがありました。また、設例にもありますが、会社の余興が問題となったケースもありました。私が社会人になった頃は、新人芸は恒例という会社が多かったですし、飲み会の後に写真を共有することも当然でした。しかし、今の時代は、いずれも内容いかんによっては、アウトになってしまうのです。

「昔はこんなことぐらい大したことではなかった」「少しくらいならバレないから大丈夫」、そんな意識のままでいると、予想外のトラブルに巻き込まれてしまうかもしれません。
　本書は、このような時代の流れを受け、**仕事やプライ**

ベートで「ついやってしまいがち」な事例を取り上げ、それがどのような法律違反にあたるか、あるいは会社において懲戒処分となりかねないか、ということに焦点を絞って構成しています。本書を通して、**自分が加害者にならないためにはどうしたらいいか、また被害者になったら、自分の権利回復のために何ができるのか**、ということを知っていただきたいです。

　どんな事案も、絶対に自分は加害者、被害者にはならないと言い切れるものはないと思います。「無意識のうちに加害者になっていたかも」「これっておかしくない？　もやもやしていたけれど、やっぱりアウトだったんだ」、などと気付くことで、日々の生活に役立てていただければうれしいです。

認識をアップデートしましょう

　どこがなぜアウトなのかをわかりやすく説明するため、事案の取り上げ方はやや簡素にしていますが、実際に弁護士として扱う事案は、1つひとつに物語があり、どちらかが100％悪い、とは言い切れないものがほとんどです。1つの事象をとっても、立場によって見え方

は全く異なります。

　だからこそ、こういった事例を通して、自分の常識と社会のルールとの齟齬を確認してみることは、とても大切だと思います。**自分の常識ではセーフだとしても、アウトと思う人がいる、そして法律でもアウトなことがある**。大したことないよ、と思ってやっていることが、誰かを傷つけているかもしれません。そして、「ちょっとくらい」「バレなければいい」と思ってやったことが、ご自身やご家族の人生を狂わせてしまうことだってあるかもしれないのです。

　この本には、皆さんの「ついやってしまいがち」なことが、いくつも含まれていると思います。これまでは、「この程度」と見過ごされてきたことが、いまのご時世では大問題に発展することがあります。「これくらい、いいよね」ではすまされないこともあります。時代の変化に合わせて、私たち自身も認識をアップデートしていかなければいけません。10年前の感覚では、危険です。

　あなたと、あなたの大切な人を守るために、**いまの時代の「アウト」を知っておきましょう！**

こんな「やってしまいがち」なこと

すべて **アウトです!**

性的な冗談で
からかう

✕

セクハラで慰謝料請求
や懲戒処分!

のろのろ運転の車に
何度もクラクション

✕

警音器使用制限違反で
反則金3000円!

ネット上の写真を
勝手に使う

✕

著作権侵害で
10年以下の懲役!

会社の宴会で
若手に余興をさせる

✕

パワハラで損害賠償や
懲戒処分!

**SNSで
デマ情報を流す**

4/1
動物園から猛獣が

↓

偽計(ぎけい)業務妨害で
3年以下の懲役!

**スマホを操作しながら
自転車で走る**

↓

道路交通法違反で
6カ月以下の懲役!

**既婚者と知って
いながら不倫する**

LOVE
HOTEL
¥ ‥‥
¥ ‥‥

↓

不貞行為に対して
慰謝料請求!

**会社のソフトを
自宅パソコンにコピー**

仕事で
使う
ソフト

同じ環境に
しないとね

リモートワーク

↓

著作権法違反で
高額な損害賠償!

……の可能性があります。

※ 本書の記述は2020年8月現在の法令に基づいています。
※ 各設例がどのような法律違反になるかについては、
　可能性の高いものを示していますが、類似の事例が必ず同じ結果になるとは限りません。

いまはそれアウトです！

目次

第 1 章　　　　　**仕事のアウト！**

第2章　社会的なアウト！いまどき編

第3章　　　　人間関係のアウト！

第4章　　　社会的なアウト！昔から編

第 5 章	お金のアウト！

第6章　　　　家族のアウト！

本書では、86個の「やってしまいがち」なことを紹介しています。
20歳以上の男女200人にアンケートを取り、
すべての項目に対する「やったことある率」を載せました。
ぜひ、参考にしてください。

仕事の
アウト!

パワハラ

水増し
経費精算

セクハラ

etc.

01

部下をみんなの前でどなりつける

辞めちまえ！

やったこと
あり！
12%
！

設例

何度指摘してもミスの直らない部下。とうとう取引先を失う事態になり、みんなの前で「辞めちまえ！」と、どなってしまいました。これもパワハラになるのでしょうか。

パワハラと判断されて懲戒処分の可能性あり！

コンプライアンス徹底の流れが加速
パワハラにならない指導法を

「こいつは何度言ってもミスが直らん！」「ついに得意先を失ってしまった！」。このケースは、そんな怒りがこみあげてきて、つい強く叱責(しっせき)したくなったのでしょう。しかし、正当な指導のための発言であっても、行き過ぎればパワーハラスメント（パワハラ）になることがあります。

　パワハラとは、①優越的な関係を背景とし、②業務上必要かつ相当な範囲を超えた言動により、③労働者の就業環境を害することをいいます。

　都道府県労働局における「いじめ・嫌がらせ」の相談件数が2018年に8万件を超えるなど、パワハラ対策が深刻な課題となっていることを受け、2019年、労働施策総合推進法が改正されました。これにより企業は、パワハラで就業環境が悪化するのを防ぐため、相談窓口の設置などの雇用管理上必要な措置を取ることとされました（同法30条の2。ただし中小事業主は、令和4年3月31日までは努力義務）。そのため、**パワハラに該当する言動をすれば、社内規定に則り懲戒(ちょうかい)処分の対象になる可能性が高まっています。**

　また、昨今は、部下がパワハラをした上司や会社を相手に損害賠償請求の訴訟を起こすこともあります。

怒りにまかせる以外の方策を　このケースは、部下の教育が目的だったかもしれません。しかし、同僚の前でそんなふうに言われてしまった部下は、ひどく落ち込んで職場に来るのが嫌になってしまうかもしれません。別室で注意する、再発防止策を一緒に考えるなど、他の方法も考えられます。今回のような言動はパワハラと認定されるおそれがあり、今後は控えたほうがいいでしょう。

02

性的な冗談で
からかう

セクハラにより
慰謝料請求もありうる！

自分は冗談のつもりでも
相手が傷つけばセクハラになる

軽い気持ちでからかった後、「冗談だよ」「前に他の人に言われたときには笑っていたじゃないか」などと言い訳したことはありませんか。相手の容姿や身体についての、性的なニュアンスを含むそうした発言は、いかなる場合でも慎むべきといえるでしょう。

セクシャルハラスメント（セクハラ）は、男女雇用機会均等法11条1項において、**①職場において行われた、意に反する性的な言動を拒否したことで、当該労働者が労働条件上の不利益を受けること、または②当該性的な言動により当該労働者の就業環境が害されること**、と規定されています。

性的な冗談は職場環境を損なう｜今回の事例では、「胸が重たいんでしょ」と性的な冗談を言った結果、言われた同僚女性は泣き出してしまいました。これは**この発言により女性の就業環境が害されたといえるので、セクハラに該当する**ケースといえます。

もちろんセクハラによる慰謝料請求を判断するにあたっては、発言内容や、頻度、両者の関係などが考慮されますが、**たった1回の発言であっても、発言に至った経緯や発言内容いかんによっては、慰謝料請求が認められる可能性がないとは言い切れません。**またセクハラは、ほとんどの会社が就業規則で禁止しているでしょうから、行為の内容によっては、社内の懲戒処分の対象ともなり得ます。

いくら自分は冗談のつもりでも、相手が傷つけば原則としてセクハラにあたります。同じ発言でも受け手によってとらえ方は様々です。笑顔で応対していても、実は傷ついているという人もいます。

なお、女性から男性、部下から上司へのセクハラも成立し得ますので、心当たりのある方は、お気を付けください。

03 部下の指導で、机を叩く、椅子を蹴る

聞いているのかね!?

バンッ

やったこと
あり!
8%
!

設例

指示を聞かず、ふてくされる部下。本人に手を上げたくなるところをこらえて机を思い切り叩いたら、それでもパワハラだと言われてしまいました。

パワハラで懲戒処分。状況次第で暴行罪にも!

適正な指導は上司の役目。
でも「脅迫」や「暴行」はアウト！

　本人に直接暴力を振るっていないのだから、机を叩いたり椅子を蹴ったりするくらいはパワーハラスメント（パワハラ）にあたらない──そんな認識で、本当に大丈夫でしょうか。

　パワハラの典型例は厚生労働大臣が制定した指針に示されています。その中には、①身体的な攻撃（暴行など）や、②精神的な攻撃（脅迫など）をはじめ6つの類型（p.45参照）があげられています。

　部下が使用していない机であっても、故意に叩くなどして部下を威嚇するような態度をとれば、それは②精神的な攻撃としてパワハラと評価されることもあり得ます。

> 接触しなくても
> 「身体的な攻撃」

また、**仮に部下が座っている椅子を蹴ったとしたら、部下の身体に直接接触していなくても、人の身体に向けられている以上、①身体的な攻撃の一種としてパワハラと評価される可能性があります。**

　これらのパワハラにあたる行為をすれば、会社から懲戒処分を受けたり、相手から損害賠償請求を受けたりする可能性があります。①身体的な攻撃の場合、**具体的な状況次第で、暴行罪（刑法208条）に該当するおそれもあります**（2年以下の懲役または30万円以下の罰金などの対象）。

　部下を脅したところで、部下が成長するでしょうか。なぜ指示を聞かないといけないのかを理解させ、実行させるのが上司であるあなたの役目です。感情をぶつけたくなる気持ちもわからなくはないですが、そのためにあなたがパワハラ認定されるなんてことがあってはなりません。手を焼く部下にも、手を上げてしまったらアウトなのです。

04

会社の宴会で
若手に余興をさせる

やったこと
あり！
9%
！

設例 | 我が社の歓送迎会では、若手に余興をさせるのが恒例。強制ではないので大丈夫と思っていましたが、他社の友人に話したら「うちならパワハラでアウト」と言われました。

パワハラで
損害賠償請求の可能性も！

「楽しくやっている」の陰にある 「断れない雰囲気」に注意して

　本人たちが楽しそうにやっていれば、パワーハラスメント（パワハラ）にはならないというのは早計です。やっている若手社員や部下は、本意ではないと思っており、職場の人間関係上仕方なく「やらされている」と感じ、強制と受け止めている可能性があります。

　一般には、①優越的な関係を背景とし、②業務上必要かつ相当な範囲を超えた言動により、③労働者の就業環境が害されるものがパワハラに該当すると考えられています。

　社内の宴会や社員旅行において、余興や宴会芸が場の雰囲気を和ませたり、社員相互の親交を深めたりする上で役立つという面も否定はできません。もっとも、余興や宴会芸が業務上明らかに必要かというと大いに疑問ですから、それを強制することは**パワハラの類型の1つである「過大な要求」**ととらえられるかもしれません。

賃償が命じられた事例｜　実際の事例としては、会社が、営業目標を達成できなかった社員に対し、研修会で発表する際、その会を盛り上げる目的で特定のコスチュームを着用させたことは、社会通念上正当な職務行為とはいえないとして、裁判所は、会社に対し22万円の賃償を命じました。**この事例でもう1つ注目される点は、当該社員はコスチュームの着用を明示的に拒否していないものの、拒否することは非常に困難であったと、裁判所が評価したことです。**

　命じるほうは軽い気持ちでも、**パワハラにあたるとして損害賃償責任が発生する場合がある**ことに注意しましょう。また、たとえ裁判などにならなくても、就業規則違反として懲戒処分の対象になることもあり得ます。

05
個人的な性的体験談を聞こえるように話す

環境型セクハラで懲戒処分も?

性的な言動で「その職場で働くことが不快」となれば、男女を問わずセクハラ

　深夜に及ぶ残業でくたくた。職場の雰囲気もくだけてきたところで、男同士で武勇伝の披露でも――。

　そんな場面が想像できますが、本人たちは盛り上がったとしても、それを聞いた周囲の人が不快になるということがあります。

　深夜の職場における男性社員同士の猥談を聞いた女性社員が、その職場で働くことが不快だと感じたのであれば、性的な言動により労働者の就業環境が害された（男女雇用機会均等法11条1項）**として、セクハラに該当する可能性があります。**これは、環境型セクハラと呼ばれるもので、相手に直接投げかけた言葉でなくともセクハラととらえることができます。また、**聞いていたのが男性社員であったとしても、猥談を不快に思い、その職場で働きづらくなったと感じたとすれば、同じくセクハラに該当する可能性があります。**

懲戒処分が有効との判例も

　もちろん、猥談を相手に直接話す行為も、環境型セクハラといえるでしょう。過去には、自分の性体験談などを女性社員に話したことがセクハラに該当するとして、それを理由とした会社による懲戒処分を有効とした判例もあります（最高裁平成27年2月26日）。

　この他、環境型セクハラに該当する可能性がある行為としては、雑誌の卑猥（ひわい）なグラビアページを開いたまま職場のデスク上に置いておく行為などがあります。

　セクハラか否かを判断するには、客観的基準とともに、相手がどのように感じたか、という点が重視されます。この点を正確に予想することは不可能ですから、セクハラのリスクのある行為は厳に慎みましょう。

06

空の領収証に金額を記入して会社に請求

 大口の取引先を行きつけの小料理屋で接待。金額が無記入の「白紙領収証」を店からもらって、多めの金額を書いて会社に請求しました。

詐欺罪や有印私文書偽造罪・同行使罪で懲役刑の可能性も！

支払った以上の額を経費で受け取るのは、会社に対する詐欺行為

　バブル時代には経費が使い放題だったこともあり、水増し請求用に白紙領収書が発行される例もしばしばあったといわれています。さすがに昨今では随分珍しくなったのではないでしょうか。

　さて、小料理屋に支払ったよりも多い金額を白紙領収書に記入し、水増し請求をしたこのケース。刑罰の対象になったり、会社から懲戒処分を受けることがあり得ます。

　具体的にどのような刑罰の対象になるかというと、まず、**あたかも記載した金額を支払ったかのように装って、実際よりも多い金額を受け取る行為は、詐欺罪（刑法246条）にあたる可能性があります。**詐欺罪の法定刑は、10年以下の懲役です。

　また、**虚偽の金額を白紙領収書に記入し提出することは、有印私文書偽造罪（同法159条1項）および同行使罪（同法161条）に該当すると考えられます。**この場合、3カ月以上5年以下の懲役の対象になります。

　これらは、最初から水増し請求を目的に白紙領収書を用意させた場合も、領収書を受け取った後に金額欄が白紙だと気付いて水増しした金額を書いた場合も、変わりありません。

会社からも厳しい処分が？　以上の行為は、就業規則上の服務規律にも違反すると考えられます。**特に、詐欺に該当するような経費の不正受給は、懲戒解雇を含む厳しい処分の対象となる可能性があります。**

　安易な気持ちによる行為が、このように大ごとになる可能性があります。気を付けましょうね。

07

就業時間に 株取引をする

個人で株取引をしていて、就業中にもチェック、時には実際に売り買いすることも。決められた仕事は業務時間内に終わらせているので問題ないですよね?

就業規則違反で 懲戒処分の事例あり!

勤務中は「職務以外のことはしない」 のがルール。当たり前ですが……

　老後の資産作りのために投資を始める方も増えているようです。株価が気になり、ついチェックしたくなってしまうかもしれませんが、就業時間中は控えたほうがよいでしょう。このような行為は就業規則違反として、懲戒処分の対象になることがあります。

　決められた仕事を業務時間内にきちんと完了させるのであれば、誰にも迷惑はかからないという考え方もあるかもしれません。しかし、**株価チェックのため使用するのが会社のパソコンの場合は、就業規則違反**とされる可能性があります。多くの企業では、会社の所有するパソコンなどの備品類を業務以外の目的で使用することを就業規則で禁止し、業務用パソコンの使用についての規則も制定しているからです。

私物のスマホ でもアウト

だからといって、私物のスマホなら就業時間中に株価をチェックして問題ない、ということにはなりません。多くの会社の就業規則では、勤務中は職務に専念することを定めており、**使っている端末が会社のものか私物かを問わず、就業時間中に株価をチェックする行為が職務専念義務違反と扱われる可能性もある**からです。当然、懲戒処分の対象になる可能性も否定はできません。実際に、公務員の事例ではありますが、就業時間中にスマホで株取引をしたとして減給10分の1（3カ月間）の懲戒処分を受けた事例があります。

　また就業時間中は、会社が外部に公表していない情報を入手しやすい状況であり、その状況での株取引は、インサイダー取引を疑われやすいともいえます。当然ながら、インサイダー取引は刑罰などの対象になりますので、注意しましょう。

08

休憩中の時間も
残業代をもらう

会社が繁忙期に入って残業続き。毎晩遅いので、途中で近所の店に晩ご飯を食べに行きます。その間も残業代が発生しているけれど、これくらいはいいですよね？

不正受給分相当額の
返還を請求されるかも!?

残業代の不正受給はかえって損。詐欺罪に問われる可能性まである

　食事が終わったら会社に戻って残業の続きをするのだから、夕食時間中は「昼休み」のようなもの……。そんな感覚で、実際には仕事をしていない夕食の時間についてまで、割増賃金（いわゆる残業代）を受け取ってよいものでしょうか。結論から言うと、この行為は犯罪になる可能性もあるので、注意が必要です。

　賃金である残業代は、実情を踏まえ、労働者が、会社の指揮・監督下にある時間（実労働時間）に対応して発生します。ですから、**夕食のための休憩時間として自由に外出することができ、その間は業務への対応が義務付けられていないということであれば、労働時間には該当せず、残業代は発生しないと判断される可能性があります。**

　実際には労働時間ではないにもかかわらず、それを知りながら残業代を不正に受給していた場合、**会社から懲戒処分を受けることも考えられます。**また、会社から損害賠償請求を受け、不正受給分相当額の返還を請求されることもあるでしょう。

　さらに、悪質な場合は、**詐欺罪などに問われる（10年以下の懲役）**可能性もあります。

労働時間に該当する場合も　他方で、例えば、夕食時間中であっても、自席での待機を義務付けられ、顧客などからの電話があれば応対することとされていた場合には、その時間は労働時間と扱われ残業代が発生すると考えてよいでしょう。

　残業代の不正受給はかえって高く付きます。本当に残業代をもらっていい場面かどうかはよく考えましょう。

09

異性の部下の肩を叩く

めきめきと成績を上げ始めた女性の部下。「頑張っている
な！」と肩をポンと叩いたところ、上司に呼び出されて「セ
クハラ」だと指摘されてしまいました。

セクハラで会社から懲戒処分を受ける可能性も！

肩に触れなくても職場のコミュニケーションは
十分できるはず

　肩に触れる程度の身体的接触はセクシャルハラスメント（セクハラ）ではない、という安易な線引きには注意が必要です。

　職場においてどのような行動がセクハラに該当するのか、明確な定義はありませんが、前提として、「職場において労働者の意に反する性的な言動をすること」はセクハラに該当する可能性があります。例えば、**不用意に身体に接触すれば触られた労働者が苦痛に感じ、就業意欲が低下することはあり得ます。その場合は、労働者の意に反する性的な言動により就業環境を害したとして、環境型セクハラと判断されても仕方ありません。**

　腰や胸と異なり、肩に触れる程度であれば問題ないと考える方もいらっしゃるでしょう。けれども**触れられた側は、肩であっても不快に思うかもしれません。**そもそも、肩に触れなくても、適切な言葉をかけるなどして、はげましたり感謝の気持ちを伝えることはできますよね。必要がないにもかかわらず肩に触れるのは、セクハラと扱われるリスクがあり、控えるべきです。

上司であるあなたへの、会社の対応　また会社は、セクハラに関し、労働者からの相談に応じ、適切に対応することとされています。そのための体制整備をはじめ、雇用管理上必要な措置を講ずる必要もあります（男女雇用機会均等法 11 条）。このため、**仮にセクハラに相当する事実が認定された場合には、会社はあなたに対し懲戒処分をする可能性があります。加えて、セクハラをした相手から損害賠償請求などを受けることも考えられます。**

　身体的な接触がコミュニケーションの一環などと思っている方がいらっしゃったら、認識を改めてくださいね。

10 出張先のホテルで
不倫相手と会う

やったこと
あり！
6%
！

設例

出張の宿泊先に不倫相手を招き入れたのを取引先に見られ、会社に苦情がきて大問題に。とはいえ逢瀬は仕事を終えた夜。不倫はプライベートのことですし、問題ないですよね？

「不倫」が会社の懲戒処分の
対象になる可能性もあり！

企業の評価の低下につながる事柄は、プライベートでも懲戒事由になりうる

　不貞行為（いわゆる不倫）はいけないこととわかっていても、あくまでもプライベートの問題です。また一般に、出張中であっても、宿泊施設の滞在時間のように、自由に利用できる時間は労働時間と扱われない傾向にあります。そうすると、宿泊施設に滞在中にした不貞行為を理由に、会社から責任を問われることはないと思われるかもしれません。

　しかしながら、使用者である会社は、労働者の職場外における職務外の行為であっても、**企業の社会的評価の低下につながるおそれがあるものについては一定の限度で就業規則上規制し、懲戒事由とすることができる**と考えられています。

| 会社に苦情が |
| きたことの影響 |

　不倫は社会的に許されるものではなく、法的にも損害賠償責任を生じさせる行為です。とはいえ、従業員が不倫をしたからといって、常に勤務先の会社の名誉や信用が害されるとは限りません。

　しかし、このケースでは、取引先に不倫の様子を目撃されており、会社にも苦情がきているため、会社の名誉・信用への影響は否定できません。もしもこれをきっかけにして、取引先が今後の取引を縮小または停止するようなことがあれば、会社は売上減少という具体的な不利益を被ります。**こういった場合には、不倫が懲戒処分の対象になる可能性も否定はできません。**

　私生活上の行為と思っていても、会社から全く責任を問われないとは限りません。**プライベートな行為が、会社に損害を与える可能性があることを、認識する必要があります。**

11

相手の配偶者の悪口を言う

設例
部下の女性に「稼ぎの悪い亭主に比べて、君は優秀だね」と言ったら、パワハラだと社内で注意されました。目の前の部下を褒めているのに、何がパワハラなのか、わかりません。

パワハラ「個の侵害」で、懲戒処分や損害賠償請求も!

本人を褒めているから問題ない？
それも一種のパワハラです

　仕事で成果をあげた部下を褒めてやる気を出させることは、上司に求められる役割の1つでしょう。しかし、褒める方法や言い回しを間違えると、自分は褒めたつもりでも、部下には全く伝わらず、むしろ不快にさせることにもなりかねません。

　今回のケースでは、部下の女性に対して、その夫を引合いに出した発言が問題となっています。**「稼ぎの悪い亭主」という発言は、業務と何ら関係なく私的なことに過度に立ち入る発言です。**いわゆるパワハラ防止法（改正労働施策総合推進法）の施行に向けて厚生労働省が発表した指針では、パワハラを6類型にまとめていますが、**このケースはそのうちの1つである「個の侵害」にあたる可能性があります。パワハラと判断されれば、会社から懲戒処分を受けたり、相手から損害賠償を請求される可能性があります。**

「亭主」への侮辱は　なお、「稼ぎの悪い亭主に比べて君は優秀」という発言は、夫本人に対する侮辱罪（刑法231条）または名誉毀損罪（同法230条）にあたる可能性があります。この発言は、夫は能力が低いゆえに稼ぎが悪いと言っているに等しいとして、夫の社会的評価を害する発言ととらえることができるからです。名誉毀損罪の法定刑は、3年以下の懲役もしくは禁錮または50万円以下の罰金です。

　ただしこの発言は、女性本人の社会的評価を下げるおそれがあると断定するのは難しそうです。部下本人に対しては、侮辱罪や名誉毀損罪が成立する可能性は低いでしょう。

　部下を褒める際には、余計なことは言わずに、仕事ぶりや成果について端的に褒めることを心がけましょう。

12 転職先で元の会社の技術を教える

設例 転職後、私自身の技術力と人材価値を証明したいと、前職の会社独自の技術を取り入れたら、製品が好評で業績も右肩上がり。会社に貢献できてうれしいです。

特許権侵害で、懲役刑もしくは罰金の可能性も!

悪気はなくても特許法違反。
意図的なら不正競争防止法違反になる

転職先の会社に技術面で貢献できることは、技術者として大変うれしいことかもしれません。ただしその技術が、特許権や営業秘密の対象になっている場合、法律上の問題が生じます。

あなたが転職先の会社において、無断で前職会社の特許発明に関する物を製造したり、製造法その他の方法を用いたりすれば、特許権の侵害になります。また、製品の構成の一部を変えていても特許権侵害を免れるとは限らない点に注意が必要です。特許の願書に記載されている技術的範囲の記載と一部異なったとしても、実質的に同一な場合には特許権侵害になることがあるからです。**特許権侵害となれば、10年以下の懲役もしくは1000万円以下の罰金、またはその両方を科せられることがあります（特許法196条）。さらに、前職会社から損害賠償請求などを受ける可能性もあります。**

意図して秘密情報を持ち出せば 以上は意図したかどうかを問いませんが、**もしも不正の利益を得る目的または前職の会社に損害を与える目的で、前職で職務上取り扱っていた営業秘密を使用した場合は、不正競争防止法違反となるおそれがあります。**この場合も損害賠償を請求される可能性があり（同法2条1項7号）、一定の場合には、10年以下の懲役もしくは2000万円の罰金、またはその両方を科せられることもあります（同法21条1項6号）。特に製造業の分野では、転職に際して秘密情報を不正に持ち出すなどして有罪判決を受ける例は後を絶ちません。

知的財産は企業の財産です。転職先で活躍したいからといって、前職会社の特許発明や営業秘密を無断で使用すれば痛い目にあうので気を付けましょう。

13
本人の実力と関係ないことで待遇に差をつける

設例 係長の1人を主任に降格させました。理由は、課長である私との相性の悪さです。口の利き方がいちいち生意気で癇に障りますし、共通点がないので話も合いません。

不当な人事をしたとして会社の懲戒処分の対象に!

人事考課の裁量を超えると、降格が無効と判断されることも

人間誰しも好き嫌いはありますが、それを直接の理由に、部下の能力や成果とかかわりなく処遇を決めることには問題があります。

一般的に、誰を昇進させるかは企業の経営判断であるため、その前提となる人事考課・査定においては、使用者である会社側に幅広い裁量が認められると考えられています。しかし、完全な自由裁量ではありません。人事考課・査定の目的が不当である場合や、評価要素が著しくバランスを欠く場合、人事考課の裁量を超えているとして、降格などの人事が無効と判断されることがあります。

裁量を超える人事とは では、今回のケースはどうでしょうか。「生意気で癪に障る」ということは、程度にもよりますが、個人の受け止め方にもよるところが大きいと思われます。**必要な指導をし、是正する機会を与えずに、この点のみをもって降格させることは、人事考課の裁量を超え無効とされる可能性があります。**また、個人的に共通点があるか、話が合うかなどは、そもそも業務とは関係ないですよね。

降格が無効と判断されれば、降格に伴い賃金が低下していた場合、その差額を求めて、その従業員が会社に対し訴訟を提起することも考えられます。また**個人的な好みで不当な人事をしたとして、あなた自身が懲戒処分の対象にもなり得ます。**

同じように、個人的な好みで昇進させること（例えば、自分の大学の後輩であるという理由のみで、能力や成果を全く考慮することなく昇進させてしまうこと）もやはり問題です。

全員が納得のいく人事とは永遠のテーマかもしれませんが、公平、公正という視点は、忘れてはいけませんね。

14 有給休暇の申請を却下する

設例 人手不足の我が社は年中が繁忙期。有給休暇の申請を毎回却下していたら、「労働基準監督署に訴える」と言われてしまいました。業務に支障があれば仕方ないことですよね？

労働基準法違反の可能性あり！

申請却下は1回でもアウト。
取得時季の変更ならセーフのことも

うちの会社は慢性的な人手不足だから、有給休暇なんて取れないんだよ！　そんなふうに思った方は注意が必要です。

従業員が有給休暇の取得を申し出たときは、その申請通りに有給休暇を与えるのが原則です（労働基準法39条5項）。**毎回はもちろん、1回であっても却下するのは問題**です。

このケースのように**有給休暇の取得を妨害した管理職は、6カ月以下の懲役または30万円以下の罰金の対象になることがあります（同法119条1号）**。使用者である会社も、30万円以下の罰金刑の対象になったり（同法121条）、損害賠償責任を問われることがあります。

年休の取得を推進するため、2019年4月1日以降は、年5日は必ず従業員に有給休暇を取得させることが使用者の義務となった点にも注意が必要です（同法39条7項）。

時季変更権とは｜ただし、その従業員が休暇申請日に就労することが職場の業務上不可欠、かつ、代わりの従業員の確保が困難な場合、企業側が、従業員が指定した有給休暇の取得時季を変更することができます（同法39条5項但書）。これを時季変更権といいます。また、およそ20％の企業が導入している計画年休制度では、5日を超える分については、企業側が従業員の有給休暇の時季を指定できることになっています（同法39条6項）。

とはいえ、これらは条件付きで時季を変更できるというだけ。従業員には有給休暇を取得する権利があります。日本人は休み下手だといわれますが、管理職であるあなたを含め、忙しくてもなんとか有給休暇をとって、リフレッシュしてみてはいかがでしょうか。

15
「どうして結婚しないのか」
「子どもはまだか」と聞く

家庭を持つことで、仕事も含めて人生が充実すると実感しています。しかし部下に「結婚はしないのか？」「子どもはいいよ」と言っていたら、パワハラだと言われました。

パワハラ＆セクハラで
懲戒処分の可能性あり！

相手のプライベートに立ち入る言動は、慎重にするべき

　自分の人生経験から得たアドバイスが、部下や後輩にとって有意義なものになりうることを否定はしません。しかしそれが、押し付けであってはいけません。また、時代の流れや時々の常識を踏まえた発言をする必要があります。

　2020年6月1日からいわゆるパワハラ防止法が施行されました。同法施行に合わせ、厚労省が告示した職場におけるハラスメント関係指針では、職場におけるパワハラとは、職場において行われる①優越的な関係を背景とし、②業務上必要かつ相当な範囲を超えた言動により、③労働者の就業環境が害される言動であり、①から③までの要素を全て満たすものと定義されています。

　同指針では、パワハラ6類型が例示されていますが、**「結婚は本当にいいよ」「子どもはまだ？」といった発言は、私的なことに過度に立ち入るものであり、「個の侵害」としてパワハラに該当する可能性がある**といえます。また、**上記発言によって労働環境が悪化したとその女性職員が感じた場合、パワハラのみならずセクハラに該当することも考えられます。**

「単なる質問」の域を出ると　さらに、「結婚していない部下は信用できない」「子どもを持たないうちは社会人として一人前といえない」などの発言になると、個人の選択を一方的に否定するものであり、パワハラにあたる可能性が高くなる上に、部下への侮辱罪（刑法231条）が成立する可能性もあります。侮辱的要素を含む発言については、職場内外を問わず、同罪が成立し得ます。

　業務上のやり取りだけの職場は味気ないものですが、自分の感覚で相手のプライベートに入り込む言動は、控えたほうが賢明です。

COLUMN 1

「パワハラとは何か」を まず理解しましょう

「不快にさせる」「尊厳を傷つける」かどうか

パワハラ、セクハラ、マタハラ、カスハラ……ハラスメントのニュースを目にしない日はないというくらい、様々なハラスメントが問題となっています。パワハラやセクハラを理由とした懲戒解雇も散見されますので、「生きづらくなったなぁ」などと、ボヤいている場合ではありません。一見難しそうなハラスメント問題も、概念をきちんと押さえれば、自分が取るべき行動が見えてきます！

まず、ハラスメントとは何か、です。ハラスメント（英語）を辞書でひくと、「嫌がらせ」「迷惑行為」とあります。日本語では、「他者に対する発言・行動で、相手を不快にさせる、尊厳を傷つける」「嫌がらせ」などの意味で使われています。上下関係、性差、妊娠といったことを理

由としたハラスメントが職場で良しとされないことは明らかです。**上下関係をなくしなさいというのではなく、上下関係を根拠に、相手を不快にさせたり、尊厳を傷つけたりする行動はダメですよ**ということなのです。

即アウトになる6類型とは

　いけないとわかっているはずなのに、ハラスメント関連の労働紛争はむしろ増加の一途です。そこで国は、労働施策総合推進法を改正し、パワハラの行為類型や事業主が取るべき措置などについて規定しました。同法で、パワハラは、①優越関係を背景とした、②業務上必要かつ相当な範囲を超えた言動により、③就業環境を害すること（身体的もしくは精神的苦痛を与えること）と定義されました。相手がパワハラだと思えばパワハラ、と間違った理解をしている方がいらっしゃるので、ここは重要です。つまり、**客観的に見て、業務上必要かつ相当な範囲で行われる適正な業務指示や指導は、パワハラには該当しない**ということです。

　そして、この業務上必要かつ相当な範囲を超えた行為類型として、以下の6つが挙げられています。①暴行などの**「身体的な攻撃」**、②暴言、必

要以上の長時間の叱責などの「精神的な攻撃」、③別室に隔離、無視などの「人間関係からの切り離し」、④明らかに実現不可能なノルマを課すなどの「過大な要求」、⑤能力やこれまでのキャリアとはかけ離れた難易度の低い仕事を命じるなどの「過小な要求」、⑥性的志向や病歴などを本人の同意を得ずに暴露するなどの「個の侵害」。

　この6類型に該当すれば即アウトです。しかし職場で問題となる事例は、微妙なケースのほうが多いかもしれません。**そんなときは原則に戻ってください。相手の尊厳を傷つけるような言動になっているかどうか、と。**「叱責」といっても、部下の成長のための叱責なのか、自分の感情のはけ口としての叱責なのか、どちらが業務の適正な範囲で、どちらがパワハラに傾倒していくかはわかりますよね。

パワハラが怖くて部下指導ができない？

　生の感情をそのままぶつけてよいことは、まずありません。感情が高ぶったら、1回深呼吸をして、相手に発する言葉をセリフのように考え、俳優になったつもりで発してみましょう。

　パワハラが怖くて部下の指導を放棄する管理職が増えているという話も聞きますが、**適切な指導は部下にとっても、企業にとっても必要です。**パワハラの何たるかを理解した上で、良い人間関係を築いてくださいね。

第 2 章

社会的な
アウト!
いまどき編

SNSで
デマ拡散

自粛警察

ながらスマホ

etc.

16

SNSで
デマ情報を流す

4/1
動物園から猛獣が

やったこと
あり！
5%
！

設例　エイプリルフールに「猛獣が逃げた！」とSNSで発信したら、拡散されて動物園がHPで否定する騒ぎに。まさかそんな大ごとになるとは思わなかったのですが。

偽計業務妨害の疑いで
逮捕事例あり！

業務を妨害するウソ、人を心配させる・傷つけるウソはいけません

エイプリルフールについたウソに関する炎上騒動が、毎年のように報告されています。今回のように、動物園がHPで情報を否定するまでの騒ぎになった場合、ウソの書き込みをしたことで**動物園の職員の本来の業務を妨害したとして、偽計業務妨害罪（刑法233条）に問われる可能性があります**。熊本地震のときには、ライオンが檻から逃げたというウソを合成写真とともにツイートした男性が、偽計業務妨害の疑いで逮捕されたとの報道もありました。同罪の法定刑は、3年以下の懲役または50万円以下の罰金です。

最近は企業がエイプリルフールに面白投稿をすることが流行っていますが、盛り上がるケースは、わかりやすいウソ、楽しいウソ、ハッシュタグでエイプリルフールと入れている（すぐにウソとわかる）ものが大半です。一方、企業側の読みが外れ、炎上することも珍しくないため、マイクロソフトが全社員に対して、エイプリルフール禁止令を出したというニュースもありました。

誰かを心配させたり、傷つけたりするようなウソは、たとえエイプリルフールであっても、犯罪にはならないとしても、許容されないでしょう。かつて日本でも、4月1日にブログで引退を表明したプロスポーツ選手が夜になってエイプリルフールだよと投稿して非難を浴びたことがありました。

| たとえ善意でも要注意 | 「猛獣が！」のような注意喚起などの情報は、「シェアしなくては！」と思う方も多いと思い |

ますが、その**情報がウソだった場合、拡散に加担したとして損害賠償責任が発生する可能性もあります**。SNS上の情報を鵜呑みにはせず、正しいと判断できない情報はシェアしない姿勢が必要です。

17

見知らぬ女性を
スマホで撮影

設例 街中でとてもきれいな女性を見かけたので、風景を撮るふりをしてスマホで隠し撮り。スカートの中を撮ったりしたわけではないので、大丈夫ですよね？

肖像権侵害として損害賠償請求が認められたケースあり！

顔が写っていなくても肖像権侵害。
盗撮ではないがやっぱりアウト！

　各自治体の迷惑防止条例などで禁止されている盗撮とは、「正当な理由なく、人を著しく羞恥させ、又は人に不安を覚えさせるような行為で、人の通常衣服で隠されている下着又は身体を、被写体となる者の了解を得ずに勝手に撮影を行うこと」です。

　よって、街を歩いている人の顔や身体を撮影したとしても、盗撮とはならず、条例違反に問われる可能性は少ないでしょう。ただし、肖像権侵害に問われる可能性がありますから、注意が必要です。

　肖像権とは、自分の肖像をみだりに撮影されない権利、そして写された自分の肖像を他人に勝手に使用されない権利をいいます。

　肖像権は、実は法律上明確に規定された権利ではありません。しかし最高裁は、憲法13条を根拠に、個人の私生活上の自由の1つとして、何人も、その承諾なしに、みだりにその容貌（顔）・姿態（体）を撮影されない自由を有する、と述べ、事実上肖像権が法的に保護されることを認めています（最高裁昭和44年12月24日）。

　街で知らない間に撮影された写真をSNSに公開された女性が撮影側を訴えた事案で、肖像権侵害として損害賠償請求が認められたケースもあります。

| 人物メインか どうか | もっとも、風景を撮影していたら、人の容貌や姿態が意図せず写りこんでしまったという場合 |

には肖像権侵害にはなりません。しかし、**ある人の顔や、顔は写っていなくても身体にピントを合わせ、その人物が構図上メインとなるような撮影を、本人の許可なく行えば、肖像権侵害になります。**もちろん、その写真を無断でSNS上へアップする行為も、肖像権侵害になりますので、厳禁です。

18

スマホを操作しながら
自転車で走る

やったこと
あり！
33%
！

設例

自転車通学の途中、スマホで音楽を聴いたり、LINE をチェックしたりしています。30 分の道のりなので、その間にはプレイリストの切り替えや LINE 返信などの操作もします。

道路交通法違反で6カ月以下の
懲役または10万円以下の罰金！

通話や操作は罰則あり。
イヤホン使用だけも避けるのが吉

　自転車と歩行者の接触事故が近年増加する中、新型コロナの影響で、自転車利用者自体も増えたとの報道があります。改めて自転車の交通ルールをしっかり押さえておきましょう。改正道路交通法では、「信号無視」や「一時停止違反」など『15種類の危険行為』につき、3年間に2回摘発された14歳以上の運転者に、3時間の有料講習を義務付けました（108条の3の4）。

　多くの人がやってしまいがちな、**自転車に乗りながらスマホの操作や通話をする「ながらスマホ」は、6カ月以下の懲役または10万円以下の罰金に処せられます**（道交法71条5号の5、118条1項3号の2）。さらに、それにより事故を起こすなどの危険を生じさせれば、1年以下の懲役または30万円以下の罰金となります（同法117条の4第1号の2）。

操作しなくても 危険行為

　では、イヤホンで音楽を聴くだけならどうでしょうか。「イヤホン等の使用」は明確に危険行為とはされていませんが、**多くの自治体では、独自に自転車でのイヤホンなどの使用に関するルールを制定しています**。例えば東京都では、道路交通規則8条（5）で「高音でカーラジオ等を聞き、又はイヤホーン等を使用してラジオを聞く等安全な運転に必要な交通に関する音又は声が聞こえないような状態で車両等を運転しないこと。」と定められ、違反者には5万円以下の罰金が科せられます（道交法71条6号、120条1項9号）。

　近年は、自転車の事故で高額の損害賠償が認められるケースも散見されます。運転に集中して、「ながら」はやめましょう。

19 「やらせ口コミ」の バイトで悪評を流す

友人に頼まれたアルバイトで、ライバル会社商品について、口コミサイトに「全く効果なし」などと書き込みました。実際は試したこともありません。

信用毀損罪・偽計業務妨害罪に 問われる可能性あり!

虚偽の情報で悪影響が出ればアウト。
バイト代をもらっていなくても同罪

　三菱UFJリサーチ＆コンサルティングがSNSの利用者を対象に実施したアンケート調査によれば、商品やサービスを購入するときに、ネット上の口コミやレビューを参考にしていると回答した人は約95％、口コミがよくなければ購入を「取りやめる」「取りやめることが多い」と回答した人は約76％だそうです。

　こういったデータもあることから、多くの企業はネットでの書き込みに注意を払っています。一時期、自社のサービスを宣伝するためのサクラ、やらせの書き込みが問題になったことがありましたが、最近は、ライバル企業を蹴落とすために、やらせの悪口レビューをバイトを使って書かせるということもあるようです。

　仮にあなたがそのようなアルバイトをした場合、自分は言われた通りのコメントをアップしただけという言い訳は通りません。仮に**虚偽の情報で企業の経済的評価をおとしめたり、営業に支障をきたしたりすれば、信用毀損罪・偽計業務妨害罪に問われる可能性があります**（刑法233条）。罰則は3年以下の懲役または50万円以下の罰金です。これは、バイト代をもらわなくても同じです。

　インターネットは、何でも即座に調べられて便利な反面、このように虚偽の情報も無尽蔵にアップされているのが現実です。口コミレビューはとても便利なサービスだからこそ、その信頼は担保してほしいですよね。いい口コミも悪い口コミも、大半がやらせの書き込みだったら、何を信じていいかわからなくなってしまいます。

口コミの信頼性を高めるには　1人ひとりが自分の発言には責任を持ってSNSを使っていきましょう。そういう人が増えていけば、虚偽の情報は自ずと淘汰されていきます。

20 ネット上の写真・イラストを勝手に使う

やったこと
あり！
32%
！

設例
SNS に旅行報告をアップ。自分で撮った写真にはいいものがなかったので、ネットから同じ場所の写真を見つけて使ったのですが、「いいね！」がいっぱいついてうれしいです。

著作権侵害で10年以下の懲役もしくは1000万円以下の罰金!?

違法と知りつつ「やってしまいがち」 続けていると痛い目にあうかも

ネットに上がっている写真を自分のブログに勝手に転用すれば、著作権侵害になるとご存知の方は多いのではないでしょうか。それでも、わかった上で、周りで誰も捕まっていないし、自分のブログはそんなに閲覧者もいないから大丈夫、そんな気持ちで違法行為を継続していないでしょうか？

著作権法では、著作物とは、思想または感情を創作的に表現したものであって、文芸、学術、美術または音楽の範囲に属するもの（2条1項1号）と規定しています。**ネットに上がっているほとんどの写真やイラストは著作物です。**これらを創作した著作者が存在し、その人たちの権利が著作権法によって守られているのです。

誰かの著作物をあなたが勝手に転用し、ネットにアップする行為は、著作者の公衆送信権（著作物を不特定多数の公衆が閲覧できるように送信する権利）**を侵害する行為です**（同法23条1項）。**著作権侵害の罰則は重く、10年以下の懲役もしくは1000万円以下の罰金、またはこれの併科（両方科すということ）です**（同法119条）。安易に、著作権侵害行為を行ってはいけません。

著作権フリー 素材とは

著作権侵害を回避するには、①自分で撮影した写真を使う、②著作権フリー素材（著作権がないわけではなく、著作者が自由に使ってよいと許可している）を利用する、③クリエイティブ・コモンズによるCCライセンス（著作者が自分の著作物の利用条件などを示している）が付与された画像を、ライセンス条件に従い利用するなどの方法があります。

SNSへの投稿は、瞬時に世界中に拡散される可能性があります。自分は大丈夫と甘く考えていると痛い目にあいますからご注意を！

21

市販の本を
スキャンして配布する

本をスキャンしたので
送りますね

カンタン
COOKING

やったこと
あり！
18%
！

 設例 個人的に開いているお料理教室も、最近はオンラインがメイン。教材は市販の料理本をこちらでスキャンして配布。それが手軽にできるのもオンラインのメリットですね。

著作権法の
複製権侵害にあたる！

学校教育法に基づく教育機関と 個人開催の「教室」で異なる扱い

　最近は、お料理教室などをオンラインで開く方も増えています。市販の料理本のコピーを配ったり、スキャンしてあらかじめ生徒さんに送信したりしておけば、手軽かもしれません。でもその行為、いずれも著作権法違反だということに気付いていますか？

　書籍の無断コピーは複製権侵害にあたります（著作権法21条）。教育目的なら例外的に複製が認められることがありますが、このお料理教室は、残念ながら当てはまりません。

　著作権法35条は、「学校その他の教育機関」で「教育を担任する者」と「授業を受ける者」に対して、「授業の過程」で著作物を無許諾・無償で複製すること、無許諾・無償または補償金を支払って、公衆送信すること（授業目的公衆送信）、無許諾・無償で公に伝達することを認めています。ただし、著作権者の利益を不当に害することとなる場合は、この限りではありません。

お料理「教室」は 対象外

　そしてこの「学校その他の教育機関」とは、組織的、継続的に教育活動を営む非営利の教育機関で、学校教育法その他根拠法令（地方自治体が定める条例・規則を含む）に基づいて設置された機関とされていますので、カルチャーセンターや個人的に開催する料理教室などは、対象外。コロナ禍でオンライン授業の必要性が高まる中、本条文の重要性が指摘されていますが、あくまで「学校その他の教育機関」が対象なのです。

　市販の本を料理教室のテキストとすること自体は問題ありません。スキャン（コピー）して配ることが問題ですので、市販書を利用したいのであれば、各自がその料理本を購入することを条件に、料理教室への参加を募るなどとしたほうがよいですね。

22 コンセントを勝手に使ってスマホを充電する

やったこと
あり！
34%
！

設例 電車で移動中、大切な取引先から電話がきたのに、運悪く充電切れ。駅のホームにあったコンセントを勝手に借りました。緊急だったし、大目に見てもらえますよね？

窃盗罪に該当し、書類送検や逮捕の事例も多数あり！

駅の電気は鉄道会社の「財物」 勝手な充電は「電気窃盗」になる

急を要しているのだから、ちょっとくらいいいじゃないか、そう思って充電をしたのでしょう。気持ちはわからなくはないですが、これもれっきとした犯罪です。

刑法245条は「電気は財物とみなす」と規定しています。そして、同法235条で「他人の財物を窃取した者は、窃盗の罪として、10年以下の懲役又は50万円以下の罰金に処する」とありますので、他人の電気を勝手に盗む（充電する）今回の行為は、窃盗罪に該当します。

実際、コンビニエンスストアで店に断りなく携帯電話を充電していた中学生が窃盗容疑で書類送検された、駅構内で携帯電話の充電をしていた女子大学生が微罪処分を受けた、コインランドリーでパソコンの充電をしていた男性が逮捕されたなど、電気窃盗に関する事例はたくさんあります。

窃盗罪にならない例 一方、例えばカフェの客席にあるコンセントは、客が充電するため、あるいは充電することを見越してその場所に設置していると考えられますので、そこから充電をしても窃盗罪にはなりません。業務に使うために設置してあるようなコンセントで充電をした場合に、電気窃盗とされるおそれがあるということです。

現在はコンビニでもモバイルバッテリーが購入できますから、緊急だったという言い訳も通用しません。どうしても、というときは、施設管理者の方に断りを入れてから、電源を使用させて頂くようにしましょう。

23

アカウントをいくつも作ってポイントを稼ぐ

やったこと
あり！
4%
！

設例

あるショッピングサイトで新規登録すると、1000円分のポイントがもらえます。そこで、複数のアカウントを偽名で作って、数万円分のポイントをゲットしました。

電子計算機使用詐欺罪で10年以下の懲役刑の可能性あり！

軽い気持ちでやりがちでも、懲役刑のみの重い犯罪

　ショッピングサイトがなぜ新規登録者に1000円分のポイントを付与するかといえば、より多くの人に自社のサイトを利用してほしいからですよね。偽アカウントを使って、同じ人が何度もポイントを得ることは当然想定されていません。

　しかし実際にこういうことをする人はいるようです。Yahoo!の新規登録キャンペーンを悪用し、約14万円相当のポイントを不正に得たケースや、旅行サイトが新規利用客に1000円分のポイントを付与したキャンペーンで約3000人分の架空の個人情報を入力し、約300万円をだまし取ったケースもありました。いずれも、電子計算機使用詐欺容疑（刑法246条の2）で逮捕されています。

行為の対象が「人」かどうか　電子計算機使用詐欺罪と通常の詐欺罪の違いは、行為がコンピュータに向けられたものか、人に向けられたものかということです。**電子計算機使用詐欺罪は、①真実に反する電磁的記録を作る、または虚偽の電磁的記録を利用して、②財産上不法の利益を得た場合に成立する罪です。**

　今回のケースは、新規登録者として架空名義のアカウントを多数作る行為が「真実に反する電磁的記録を作る」行為、ポイントや現金を得ることが「財産上不法の利益を得る」ことになります。

　たとえ実在の人物の情報を入力したとしても、本人以外が、勝手にその氏名などを使用しアカウントを作ることは認められていませんから、この場合も「真実に反する電磁的記録を作る」行為であるとして、同罪が成立します。

　電子計算機使用詐欺罪は罰金刑がなく、10年以下の懲役刑のみの重い犯罪です。 軽い気持ちで行うなんてもってのほかですよ。

24

YouTubeでダウンロード
した動画を友人に貸した

設例
YouTubeでアーティストがやっていた無料公開ライブをダウンロード。後日DVDに焼いて、見逃したという友人に貸しました。売るのは違法でも貸すのはOKですよね!

「複製権」侵害で10年以下の懲役
もしくは1000万円以下の罰金!?

もとの動画が合法でも
勝手な保存・ダウンロードは違法

　期間限定で公開されていたライブを見逃した友人から、「ダウンロードした？　貸して！」と言われたら、快く貸してあげるあなたは心の優しい人？　いえいえ、実はこれも違法な行為なんです。

　違法にアップロードされた動画を違法と知りながらダウンロードする行為が著作権法違反であるということは、皆さんご存知だと思います。罰則は、2年以下の懲役もしくは200万円以下の罰金、またはこの併科です（著作権法119条3項）。

　今回のようなアーティスト自身が公開したライブ映像は、違法動画ではありません。しかしこういった**合法的な動画でも、勝手な保存・ダウンロードは、著作者の「複製権」侵害にあたる違法な行為です（同法21条）。**複製とは、作品を複写したり、録画・録音したり、印刷や写真にしたりと、文字通り複製を作ることです。

「私的利用」の 範囲は	著作権法は、私的利用目的の場合は例外的に複製を認めているため、自分や家族だけで楽しむ

ためであれば、合法動画のダウンロードは違法とはなりません（同法30条）。ただし**複製が許されるのは私的利用の場合だけ。販売することはもちろん、今回のように友人に貸与することは、著作権侵害となります。友人への貸与は私的利用にはあたらないのです。もともとの動画が違法か合法かは関係ありません。**罰則は10年以下の懲役もしくは1000万円以下の罰金、またはこの併科です（同法119条1項）。

　さらに、YouTubeでは、利用規約において動画のダウンロード自体が禁止されていますので、たとえ合法的に投稿されている動画であっても、ダウンロードは避けたほうが安全です。

25 公園でドローンを飛ばす

やったこと
あり！
4%
！

設例 ドローンを購入し、さっそく子どもと一緒に、近所の公園で テスト飛行してみました。次は、子どもの運動会で飛ばそう と思っています。

航空法違反で50万円以下の 罰金が科される可能性あり！

自由にドローンを飛ばせるところは少ない。必ず事前チェックを！

ドローンを購入したら、すぐに飛ばしてみたいですよね。でも実は、ドローン飛行には様々な規制がありますので、それを知らずに飛ばすことは危険です。

航空法は①空港周辺、②150m 以上の上空、③人口密集地域でのドローン飛行を禁止しています（132 条、同法施行規則 236 条、236 条の 2）。また、**日中飛行、目視内飛行、第 3 者と 30m 以上の距離を取っての飛行が求められ、イベント上空飛行、危険物の輸送、物資の落下は禁止されています**（同法 132 条の 2）。いずれもこれらに反してドローンを飛行させたい場合は、国土交通省の専門部署に事前に申請書を提出し、飛行の承認を得る必要があります（同法施行規則 236 条の 6）。

違反者には 50 万円以下の罰金が科されることがありますので、ルールはしっかり押さえましょう（同法 157 条の 4）。なお、この航空法の規制は、総重量が 200g 以上のドローンが対象のため、200g 未満のトイドローンは規制対象外です。

自治体条例も確認　そうすると、日中の人の少ない公園であれば、自由にドローンを飛ばせそうなのですが、**条例でドローン規制をしている自治体も少なくない**ので、そちらもチェックをする必要があります。例えば東京都では、ドローンの飛行を、「東京都立公園条例」において「都市公園の管理に支障がある行為」（16 条 10 号）、「東京都海上公園条例」において「海上公園の管理運営に支障を及ぼすおそれがある行為」（17 条 9 号）と規定した上で、200g 未満のトイドローンを含め、都立公園での一切の飛行を禁止しています。要注意ですよ。

26 「映えスポット」を求めて線路に立ち入る

やったこと
あり！
21%
！

設例

撮り鉄の私は、電車のいい写真を撮るために線路の敷地内に入ることがあります。仲間のSNSにも、明らかに線路内から撮った写真がずらり。みんなやっているんですね。

鉄道営業法違反で1万円未満の科料に！

みんながやっていても違法かつ危険。ケースによっては懲役の可能性も

　以前、女性タレントが線路内に入り写真を撮ったことが問題になりましたね。また、いい写真を撮りたい撮り鉄さんが線路内に立ち入る事例は、各地で散見されるようです。

　鉄道営業法では、鉄道地内にみだりに立ち入る行為を禁止しており（37条）、違反した場合、1万円未満の科料に処せられます（罰金等臨時措置法2条1項）。科料とは、罰金の一種であり、1000円以上1万円未満と定められています（刑法17条）。みんながやっていても、線路内に立ち入って写真を撮影する行為は違法です。また、**新幹線の線路内にみだりに立ち入ると、新幹線特例法3条2号違反で、1年以下の懲役または5万円以下の罰金となります。**

さらに重い罪に問われるケースも｜線路内に侵入したことで、電車の転覆、衝突などの事故発生の可能性を生じさせた場合には、往来危険罪（刑法125条1項）として、2年以上の有期懲役に処せられる可能性もありますし、駅員の日常業務を妨害したとして、威力業務妨害罪（同法234条）に問われる可能性もあります。

　ところで、痴漢を疑われた人物が、線路内に逃走して電車がストップするという報道を、見たことはありませんか？　逃走のために線路内に侵入した人物が上記罪に問われるであろうことはもちろんですが、逃げた痴漢を捕まえようと侵入した人も同罪でしょうか。

　この場合は、犯人の逃亡を阻止するためにやむを得ずした行為であり、鉄道地内にみだりに立ち入ったものではないとして、線路に侵入したことの違法性は問われない可能性が高いと思います。とはいえ、危険な行為ですから、緊急ボタンを押すなどして駅係員に任せたほうがよいでしょう。

27

禁煙の場所で喫煙する

やったこと
あり！
22%
！

設例 どうしても我慢できず、喫煙場所以外でたばこを吸うことがあります。交通機関、飲食店、路上など、場所によって罪は違うでしょうか。

改正健康増進法違反で30万円以下の過料の可能性あり！

屋内での喫煙は原則禁止に。
路上喫煙は引き続き自治体条例で規制

　たばこを吸わない方は、この人いま吸ってきたな、とすぐにわかりますよね？　たばこの煙は、そのにおいだけでも周囲への影響が大きいですが、ニコチン、タール、一酸化炭素の他にも70種類以上の発がん性物質を含む有害物質です。

　厚生労働省によれば、他人のたばこの煙を吸わされる受動喫煙によって、頭痛、肺がんや虚血性心疾患などによる死亡率の上昇、子どもでは喘息、気管支炎といった呼吸器疾患などとの関連が報告されています。それにもかかわらず、受動喫煙者のおよそ6割の方が、自分が我慢する、場所を移動するとの行動を取っているとの報告があり、望まない受動喫煙なくすために、**健康増進法が改正され、2020年4月1日から全面施行**されました。

指導、命令を経て科料

　今回の改正により、屋内での喫煙は原則禁止となりました。いままでは禁煙マークがあるところでは吸ってはいけない、でしたが、法改正以降は**喫煙OKマークがあるところを除き、屋内ではたばこを吸ってはいけない**ということです。違反者が再三の注意にもかかわらず、喫煙を繰り返した場合は、**都道府県知事などによる指導、命令が行われ、それでも改善されない場合には、30万円以下の過料**（刑罰ではなく行政上の義務違反に科される金銭罰）**が科せられる可能性**もあります。路上喫煙については、以前から条例で禁止をしている自治体が多いですよね。

　普段たばこを吸わない人は、たばこの煙に対する感受性が高く、他人の煙を吸うと、少しの量でも大きな健康被害を受けるという報告もあります。喫煙をする方は、周りの人の健康を守るためにも、ルールはきちんと守りましょうね。

28

飼っていた動物を捨てる

自然に お帰り

やったこと
あり!
18%
!

設例
飼っていたミドリガメが大きくなりすぎて、世話が大変。においもしてきたので、近所の公園の池に放流しました。我が家の狭い水槽より、仲間もいて幸せだと思います。

動物愛護管理法違反で懲役刑または罰金の可能性も!

生態系への影響の観点からも
勝手な放流はアウト

　かつては、縁日でミドリガメを売っているのをよく見かけました。小さくてかわいらしいですが、成長すると30センチ以上になることもあるんですって。大きくなりすぎて手に負えないと、ミドリガメを公園の池などに捨てる方がいるようです。

ミドリガメは緊急対策外来種　環境省によれば、野外で観察されたカメの個体数の割合は、在来種のニホンイシガメは約9％、ミドリガメは約64％だそうです。1匹くらい、と遺棄する行為が、ミドリガメの繁殖を促しているのかもしれません。

　こういった遺棄行為が、生態系や農業に悪影響を及ぼすとして、ミドリガメ（正式名称はアカミミガメ）は、2015年に緊急対策外来種に指定され、環境省は「アカミミガメ対策推進プロジェクト」を発足させました。プロジェクトでは、野外のミドリガメを駆除すると同時に、飼う前に、カメが死ぬまで飼育できる環境（人・設備・資金など）があるのかよく考えること、また現在日本では約180万匹のミドリガメが飼育されていることから、現在飼育している人たちに決して遺棄しないことを強く訴えています。

　動物の愛護及び管理に関する法律では、**犬や猫と同様、ミドリガメなどの愛護動物を遺棄した場合、1年以下の懲役または100万円以下の罰金に処すると規定されています**（44条3項）。犬や猫といったペットと同じく、家族の一員として迎えたのですから、最後まできちんと面倒を見ることが飼い主の責任です。ミドリガメが大きく成長できたのは、飼い主さんのお世話と愛情の賜物ともいえますよ。寿命が長いものでは40年も生きるミドリガメ。大切な人生のパートナーとして、人生を添い遂げてくださいね。

29
「ごみ屋敷」前の公道上の ものを断りなく捨てる

窃盗罪の可能性あり！

ごみか否かを決めるのは所有者。
他人が処分すれば泥棒扱いもやむなし

　いわゆるごみ屋敷については、居住者自身も自分ではどうしていいかわからなくなってしまっているケースもあれば、全て必要な物だと主張するケースもありと様々です。近所の方からすれば、公道にまではみ出す荷物を見て、放火の心配、衛生上の問題と、頭を悩ますことも多いでしょう。

　しかしだからといって、あなたが勝手に公道にはみ出す荷物を捨ててしまえば、それは問題です。**ごみかどうかは所有者が決めること。公道に雨ざらしになっていればごみだと主張したところで、窃盗（刑法246条）だと認定される可能性があります。**

　こういったごみ屋敷トラブルをすんなり解決する法律が日本には存在せず、現在は自治体ごとの対応となっています。2013年に全国で初めて、いわゆる「ごみ屋敷条例」を施行したのは、東京都足立区です。近隣からごみ屋敷に関する被害が報告されると、区の職員が現地を調査し指導・勧告を行う。またごみ屋敷の所有者には経済、健康問題を抱えている人も少なくないことから、片付け指導に加え、医療や福祉の観点からのサポートも組み合わせ、ごみ屋敷の解消に一定の成果を挙げているということです。

| 頼みの綱は自治体 | 環境省によれば、2017年時点で足立区のように |

ごみ屋敷や空き家対策に関する条例を制定した市区町村は、全国で82あるそうです。

　自治体に被害届を出したからといってすぐに解決する問題ではないかもしれませんが、今後も同じ地域に住む住民間でトラブルが大きくならないよう、調整しながら対応をしてくれるようですので、まずは自治体にご相談をすることをお勧めします。

30

カンニングする

設例

同僚と資格試験を受験。先にテストを終えて外に出たので、同僚に解答をメールで送ってあげました。定員のある入学試験とは違うので、それほど罪悪感はありません。

偽計業務妨害罪で懲役刑または罰金の可能性あり！

公正な試験の実施を妨害する
カンニングは刑法犯に該当

資格試験とは、その資格を使って業務を行う上での最低限の知識があるかどうかを確認するものです。カンニングで合格した人が業務を行っていると考えたら、安心してサービスを受けられませんね。だからこそ、資格試験は公正に行われる必要があります。

今回のようなカンニング行為は、試験官を欺き、その後の事実調査、該当者と思われる者の答案のチェックなど、試験監督業務や試験業務を妨害しますから、偽計業務妨害罪（他人をだまして、他人の業務を妨害する罪）として3年以下の懲役または50万円以下の罰金に問われる可能性があります（刑法233条）。

過去には、「運行管理者」の資格試験で集団カンニングが発覚し、かかわった9名が偽計業務妨害罪で書類送検されたことがありました。また京都大学の入学試験中に、携帯電話を使って問題をSNSに投稿した学生が、偽計業務妨害容疑で逮捕されたこともあります。

試験をする側は、大学入試や国家資格などにおいて、公正に試験が行われるよう準備をしているわけですから、カンニングという不正行為でそれを妨害することは、刑法犯に該当するということです。

| 校内テストの 場合 | 学校の中間テストなどにおいて、**カンニングペーパーを持ち込んだ、手に解答を書き込んだ、** |

といった場合は、偽計業務妨害罪とまではいかなくとも、「他人の業務に対して悪戯などでこれを妨害した」として、軽犯罪法1条31号違反に該当する可能性があります。

また、**解答を教えた側にも、偽計業務妨害罪あるいは軽犯罪の教唆・幇助罪が成立する可能性があります。**

試験は孤独な闘いです。勉強あるのみです。

31 のろのろ運転の車に 何度もクラクション

やったこと
あり！
14%
！

設例 ドライブにでかけたら、のろのろ運転の車のせいで大渋滞。何度もクラクションを鳴らしてしまいましたが、みんなも迷惑していたし、「あおり運転」とは違いますよね？

警音器使用制限違反で 反則金3000円の可能性あり！

クラクションを使用していい場面は、法律ではかなり限られている

　青信号に変わったのに発進しない前方の車に、車に気付いていない自転車に、道を譲ってくれた車に、決して相手を威嚇するつもりではなく、声をかけるようにクラクションを使用している方は多いのではないでしょうか。しかし、これは間違った使用法です。

　道路交通法では、クラクション（警音器）を使えるのは、左右の見通しのきかない交差点や、警笛を鳴らせという標識がある場所など法律で定めている場合と、危険を防止するためにやむを得ない場合に限られるとされています（54条）。よって、上述のような状況でクラクションを鳴らすのは違法行為となります。違反者には2万円以下の罰金または科料が科せられます（同法121条1項6号）。

　| その運転は危険？ |　**のろのろ運転の車に何度もクラクションを鳴らす行為は、警音器使用制限違反で反則金3000円が課せられる可能性もあります**（同法施行令別表6、20号）。その車のせいで渋滞が起こったとしても、危険が生じるとは言い切れないからです。

　ちなみに、のろのろ運転に関する交通規則として、あまりの低速走行は、高速道路では最低速度違反（同法75条の4）、最低速度が法定されていない一般道では、追いつかれた車両の義務違反（同法27条）となり得ます。同法27条は、後続の車両が追い越しを終えるまで、前の車両は速度をあげてはならず（1項）、道路の中央との間に追い越すのに十分な余地がない場合は、なるべく左側に寄って進路を譲らなければならない（2項）と規定しています。

　クラクションは、鳴らすほうも鳴らされるほうも、気持ちのいいものではありません。思いやりを持った運転を心がけましょうね。

32

マスクを転売した

設例 新型コロナの第1波では、買い置きしていたマスクの転売がいい小遣い稼ぎになりました。次にマスク不足になったらもっと大規模にウェブで販売しようと、備蓄を始めました。

国民生活安定緊急措置法違反で、1年以下の懲役または100万円以下の罰金?

取得価格よりたった1円上乗せ するだけでも転売はアウトだった

新型コロナウイルスの第1波では、日本中からマスクが消えて大混乱となりました。通常よりだいぶ割高だと知りながら、ネットでマスクを購入した方もいらっしゃったと思います。

そこで政府は、「アベノマスク」を各家庭に配布すると同時に、2020年3月、マスク転売を禁じる政令を施行しました。

国民生活安定緊急措置法26条1項は、**生活関連物資などの供給が著しく不足する場合などに、政令によって、その物資の譲渡などを禁止することができるとしています。今回、その生活関連物資に「衛生マスク」（いわゆる一般的に市販されているマスク）が指定され**、その転売が禁止されました（同法施行令2条）。ここでいう「転売」とは、薬局やスーパーなどで不特定多数に向けて販売されたマスクを購入し、店舗やSNSを通じて、自身の購入価格を超える価格で不特定多数の人に販売する行為を指します。

| 適正な価格 とは？ | **たった1回の転売でも、取得価格よりたった1円上乗せした販売であっても、同法施行令違反** |

として1年以下の懲役または100万円以下の罰金、もしくは両方が科せられます（同法7条）。実際、2020年5月には、マスク1千枚を1枚あたり約80円で購入し、それを1枚あたり154円などで販売していた男性が、全国で初めて立件されたとの報道がありました。

今回の転売規制は、2020年8月に解除されましたので、マスクの転売は「アウト」ではなくなりました。しかし、状況次第では再び規制されるかもしれませんし、買占めや転売が世の中の不安をあおることにつながります。たとえ法律で禁じられていなくても、周りへの思いやりの気持ちを忘れないようにしたいですね。

33

自粛要請を守らない店に、「閉めろ!」と張り紙する

営業中

閉めろ!

やったこと
あり!
1%
!

設例

新型コロナウイルスで自粛要請を守らない店が近隣に何軒かあり、「閉めろ!」と張り紙してやりました。人々の安全を守るために、必要なことだったと思っています。

軽犯罪法違反で拘留や科料の可能性あり!

軽犯罪法でアウト！　貼り方や文言によっては より重い犯罪にもなる

　自分はこんなに我慢しているのに、なんであの店はいつも通り営業をしているのだ！　クラスターが発生したらどうするのだ！　そんな憤り、もしくは正義感で、営業を続けている店に張り紙をする――いわゆる「自粛警察」と呼ばれる行為の一種ですが、およそ正当化できるものではありません。

　そもそも**無断で他人の家屋などに張り紙をする行為は、軽犯罪法違反**（1条33号）です。拘留（1日以上30日未満、刑事施設に収監）または科料（1000円以上1万円未満の財産刑）に処せられる可能性があります。また、**張り紙の貼り方によっては、器物損壊罪が成立する可能性もあります**（刑法261条）。店舗のシャッターなどに直接、自粛を促すような落書きをする行為も同様です。

　張り紙の文言でいうと、例えば「この店は違法営業だ！」などと書けば、侮辱罪（同法231条）や名誉毀損罪（同法230条）に問われる可能性があります。2020年5月には「営業スルナ！　火付けるぞ！」という張り紙を飲食店の入り口に貼った男性が、威力業務妨害の疑いで逮捕されました（同法234条）。場合によっては**脅迫罪（同法222条）や強要罪（同法223条）の可能性もあります。**

「人々の安全を守る」は通用せず

自分はこの町の安全を守るためにやったのだという言い分は通用しません。店舗は自粛要請を受けているだけで、閉店を義務付けられているわけではないからです。地域で協力をして自衛をすることと、匿名で脅迫めいた言葉を浴びせる行為は全く違うものです。不安に思うのであれば、1人で解決しようとせずに、町内会で相談するなど、話し合う機会を持ってみてはいかがですか。

COLUMN 2

「許せない」と排除しますか
自分事として受け入れますか

自粛警察の「正義」と「後ろめたさ」

　新型コロナウイルスは、社会の分断を生んだといわれています。当初は、中国からもたらされたウイルスということで、中国人に対する差別や排斥運動が見られましたが、日本中に広まったいまでは、その差別や排斥が日本人の間で起こっています。

　親子連れが公園で遊んでいたら見ず知らずの男性に威嚇された、県外ナンバーの車が石で傷つけられた、営業していた焼き鳥店に無言電話など、いわゆる「自粛警察」に関するニュースが数多く報告されています。

　日本では諸外国と異なり、緊急事態宣言や特措法に基づく休業要請などに強制力はありませんから、最終的には国民1人ひとりの自主性に任されています。ところが、新型

コロナウイルスに関する考え方は人により様々なため、自分と同じ考えで行動しない人に対する、「許せない」という思いから、上述のような行動に出る方がいるのでしょう。

　自粛警察といわれる行為をしている人は、正義感に基づき、自分が取り締まらなくては、という思いで行動しているのかもしれません。しかしその一方、面と向かって物申すのではなく、匿名で行っているところからすると、**自分でもやり過ぎという意識があるのかもしれません。**

大きく拡散するネットへの書き込み

　ネット上の自粛警察についてはどうでしょうか。「○○店は、自粛要請に応じていない」とSNSに書くことは、それが事実なら法的に問題にはなりません。ただし、自分が見たこともない店に関するこういった情報  をリツイートして拡散するのは危険です。すでにその店は休業しているかもしれないのに、**あなたのリツイートによって、誤った情報が拡散していく可能性がある**からです。

　また「あの店で感染者が出たらしい」などの書き込みも危険です。ウソの情報であった場合、あなたがそれをSNSに上げたことで、店にクレームが殺到し、消毒作業

を行わざるを得なくなった、客足が激減し閉店に追い込まれた、などという事態になれば、偽計営業妨害罪に問われる可能性があります。さらに「○○さんはコロナで入院していた」などの書き込みは、たとえ真実であったとしても、名誉毀損に該当する可能性が高い行為です。直接的な誹謗中傷ではなくても、病気に感染しているということは一般的には他人に知られたくない個人情報で、みだりに公開されるべきものではないからです。

いつ自分がかかってもおかしくない

「コロナに感染したのは自業自得だと思う、本人の責任だと思う」と感じる割合が、諸外国に比べ日本では高いという調査結果があるそうです。一連のコロナ報道を見ていても、濃厚接触者を早期に発見し、検査を受けてもらうという目的以外に、感染者のそれまでの行動経路をあぶりだし、バッシングをするような傾向も見られます。

　ただ、このようなことをしていると、感染者が本当のことを話さなくなるのではないでしょうか。それが感染経路不明率の増加につながり、巡り巡って私たちの感染リスクの高まりにもつながりかねません。

　世界中でこれだけ蔓延しているウイルスです。いつ自分がかかってもおかしくありません。排除するのではなく、自分事として受け入れる、心の在り方が問われています。

第 3 章

人間関係の
アウト!

写真の無断
SNSアップ

不倫

セクシュアリティ
の暴露

etc.

34

侮辱的な あだ名で呼ぶ

設例 ちょっとぽっちゃりのA君。見た目から「子ブタちゃん」と呼んでいたら、あだ名として定着してしまいました。A君本人も笑っていましたが、しばらくして学校を休むように。

侮辱罪に該当する可能性あり！

親しみを込めて呼んだつもりでも
広まれば「侮辱」になることも

　親しい間柄だからこそ、あだ名で呼び合うということはありますよね。しかし、つけられたほうは、実はそのあだ名が嫌だったということもまたよくあります。あだ名が、差別感情やいじめのきっかけとなることもあるでしょう。そこで最近では、あだ名で呼び合うことを禁止している学校や会社もあるそうです。

　では、「子ブタちゃん」というあだ名をどう考えたらよいでしょうか。見た目からつけられたあだ名ということですが、言われていい気持ちにならないことは、想像に難くないですよね。このような侮辱的なあだ名でその人を呼ぶことは、侮辱罪（刑法231条）に該当する可能性があります。**侮辱罪は、①公然と②人を侮辱し、人の社会的評価をおとしめるおそれのある行為をした場合に成立します。**

| 「事実の適示」
は不要 | 名誉毀損との違いは、事実の適示があるかないかです。「犯罪を犯して退学になった」などと |

いう具体的事実を挙げて、誰かを侮辱すれば名誉毀損罪が成立する可能性が高まります。**侮辱罪は事実を適示する必要はありませんので、「豚ゴリラ」など、他人を社会的に軽蔑するあだ名をつけ、それを不特定または多数の人が認識し得る状態で使用すれば、成立します。**なお、侮辱罪は親告罪といって、被害者からの告訴などがあった場合に成立する犯罪です。

　国籍や出身地などをあだ名にする場合も、その固有名詞自体は侮辱的表現ではありませんが、その人の出生地などを侮辱する意図を持って使っていれば、侮辱罪が成立する可能性は高いと思います。

　本人は笑っていても、そのあだ名に傷ついているかもしれません。自分がそう呼ばれたらどう思うか、という視点が大切ですね。

35

お酒を強要する

飲み会でウーロン茶を飲んでいる若手に「男ならこれくらい飲め！」とビールを一気飲みさせたら、その後全く飲み会に参加しなくなってしまいました。

強要罪成立の可能性あり！

飲ませた相手が急性アルコール中毒になれば、傷害罪の可能性も

　飲み会では、職場では見られない相手の一面や性格を知ることができ、社員との親睦（しんぼく）を深めることができますが、話が盛り上がるにつれ、景気付けに他人にお酒を飲ませようとしたことはありませんか？　その行為、行き過ぎると犯罪となる危険が潜んでいます。

　相手が拒絶しているのに、「先輩の酒が飲めないのか」などと無理やり酒類を飲ませた場合、**相手の意思に反することを行わせたとして、強要罪（刑法 223 条）が成立する可能性があります**。強要罪の法定刑は 3 年以下の懲役です。

| 死に至る危険も | 相手を潰す目的で一気飲みさせたような場合、相手が急性アルコール中毒になれば傷害罪（同法 204 条）が成立し、15 年以下の懲役または 50 万円以下の罰金となり得ます。さらに、それによって死亡したときは傷害致死罪（同法 205 条）に問われ、3 年以上の懲役刑となるかもしれません。

　また、酒類を飲んだ相手が急性アルコール中毒による昏睡（こんすい）状態となったことを認識しながら、救急車を呼ぶなどの適切な救護措置を取らず、その結果、相手が死亡したようなときには、保護責任者遺棄致死罪（同法 219 条）に該当することもあります。勝手に泥酔した相手を放置した場合も同罪に該当することがあります。

　これらは刑事責任ですが、**一気飲みをさせられた人が入院・死亡した場合、民事責任も問われることがあります。特に、会社の飲み会で一気飲みを強要された部下が死亡したような場合、飲ませた上司らに多額の損害賠償が認められることもあり得ます。**

　職場の関係性を大切にしながら、各自が好きな飲み物を自分の飲みたい量だけ飲めるのが、一番楽しい飲み会なのかもしれませんね。

36
他人のスマホのロックを
解除して中身を見る

設例 帰宅が遅い妻。スマホのロックを解除して覗（のぞ）いてみたら浮気の証拠が。なのに妻は「プライベートを覗くなんて犯罪！」と逆ギレ。でも、正義はこちらにありますよね？

プライバシー侵害で
損害賠償請求の可能性あり！

スマホの覗き見はプライバシー侵害。
ログインは不正アクセス禁止法違反

　スマホの中には個人の様々な情報が入っています。パートナーの行動が怪しいとき、スマホを見たいという衝動に駆られた経験をお持ちの方もいると思いますが、その気持ちはグッとこらえましょう。

**夫婦といえども
不法行為**　スマホに保存されているメールや写真などは、スマホの持ち主のプライバシー情報に該当します。ですから、持ち主の同意なくスマホの中身を見ることは、プライバシー侵害に該当し、不法行為に基づく損害賠償請求が認められる可能性があります（民法709条）。**勝手にスマホのロックを解除した場合はもちろん、ロックされていなくても、相手の同意がない限りはプライバシー侵害になり得ます。夫婦といえどもです。**

　スマホのロックを解除することが、「封を開け」る行為にあたるとして、信書開封罪（刑法133条）が成立するのではと思われる方もいるかもしれませんが、スマホは「紙」ではないので、同罪は成立しません。ただし、**他人のログインIDやパスワードを勝手に入力してメールやSNSにログインすることは、「不正アクセス行為」**（不正アクセス禁止法2条4項）に該当し、3年以下の懲役または100万円以下の罰金の対象となります（同法3条、11条）。パスワードなどの入力を経ずに、SNSなどを勝手に見る行為も同法違反となる可能性があります。

　つまり、**相手が浮気をしていたかどうかにかかわらず、同意なくスマホの保存情報を見たらプライバシー侵害、勝手にSNSなどにログインなどをすれば不正アクセス禁止法違反**となり得ます。

　他人のスマホを見ても、いいことはありません。パートナーを信じられる関係性を築くことが大切ですね。

37
他人のスマホにこっそり
アプリをインストールする

位置情報アプリ

こっそ

やったこと
あり！
6%
！

設例 社交的で活動的な妻。私の知らない交友関係や外出先も多く、心配なので、妻のスマホにこっそり位置情報アプリをインストール、常に居場所を確認できるようにしました。

不正指令電磁的記録供用罪で
逮捕事例あり！

他人の居場所をこっそり知るのは
プライバシー侵害行為

　最近は、位置情報アプリが発達し、高校生などの間では、それらのアプリを利用して、友人や恋人がどこにいるのかお互いにわかるようにしておくこともあるそうですね。互いが了解をして、相手の居場所をリアルタイムでわかるようにしておくのであれば問題はありません。しかし、相手の同意がないのに、位置情報アプリを勝手に相手のスマホにインストールしてはいけません。

アプリ自体が合法でもアウト　このようなインストール行為をすると、位置情報アプリは、スマホの持ち主（この場合は妻）の意図に反して現在の位置情報をインストール行為者（この場合は夫）に知らせることになります。またこの行為で妻のスマホは、アプリをインストールされたと持ち主が知らないまま、同アプリが作動する状態にされていますから、**不正指令電磁的記録供用罪（刑法168条の2第2項）が成立する可能性があります（法定刑は3年以下の懲役または50万円以下の罰金）。アプリ自体が合法でも同じです。**実際に、妻のスマホに位置情報アプリを勝手にインストールしたとして、夫が同罪で逮捕された事例もあります。

　自分がどこにいるかという情報は、何らやましいことがないとしても、他人に知られたくない情報です。よって、**勝手にインストールしたアプリによって他人の位置情報を取得することは、プライバシー侵害行為にもなり得、損害賠償請求を受ける可能性もあります。**

　自分が同じことをされたら不快な気持ちになりませんか。自分がされて嫌なことはパートナーにもしてはいけません。「好きすぎて」という言い訳も当然通用しません。気になることがあるなら、直接相手に確かめましょう。

38
SNSのメッセージを毎日大量に送り続ける

仕事上LINEでつながった相手とプライベートでも親しくなりたくて、毎日のように私的メッセージを送信。一度「迷惑です」と言われたけれど、あきらめずLINEし続けます！

ストーカー規制法違反で100万円以下の罰金または1年以下の懲役?!

相手が不安を抱けば、ストーカー 行為と判断される可能性が大

　仕事の関係で知り合った人とプライベートでも仲良くしようとすること自体は、悪いことではありません。しかし、行き過ぎた行為は、取り返しのつかない結果を招くおそれがあります。

　今回の事例では、LINEの送信者は、相手に対し好意を抱いているようですね。ストーカー規制法は、好意を有しつつ、または、好意が満たされなかったことを理由として、「つきまとい等」を反復して行うことをストーカー行為としています（2条3項）。

　一度、「迷惑です」とはっきり言われたのに、その後もLINEを送信することは、「つきまとい等」の具体的行為を示した同法2条1項5号に該当し得ます。そして、拒絶された後も、毎日多数のLINEを送ったり、LINEの内容が好意を執拗に伝える内容であった場合、**「身体の安全や行動の自由が著しく害される等の不安を覚えさせるような方法での送信を何度も行った」として、ストーカー行為にあたるとされる**可能性があります（同法2条3項）。

　ストーカー行為と判断されれば、100万円以下の罰金または1年以下の懲役が科されることもあり得ます（同法18条）。

禁止命令を 無視すると	また、相手があなたからのLINEに不安を覚え警察に相談をし、警察が禁止命令を出したにも

かかわらず、引き続き相手にLINEを送り続けたような場合には、同法19条により処罰される可能性があります。この場合の法定刑は2年以下の懲役または200万円以下の罰金です。

　どんなに親しくなりたくても、相手の気持ち・立場を思いやって、自分本位の行動をとらないことが大切です。

39

男女まじりの飲みの席で脱ぎ芸を披露

やったこと
あり！
9%
！

設例　合コンでメンズストリップを披露して大喝采。けれど最後の1枚で1人の女子が「それを脱いだら通報します！」と一言。せっかく盛り上がっていたのに、白けるよね。

軽犯罪法の身体露出罪が成立!?

「最後の1枚」を守っても無意味！
全裸でなくても罪になりうる

　最後の1枚で思いとどまったから、セーフだと思っていませんか？　いえいえ、全くセーフではありませんし、犯罪となり得る行為だということを自覚してください。

　たとえ全裸にはならなくても、**公衆に嫌悪の情を催させるような仕方でお尻やももなどの身体の一部を露出すると、軽犯罪法が規定する身体露出罪が成立します**（1条20号）。このケースでは、ストリップのように太ももや、時にはお尻を露わにする「脱ぎ芸」を披露していますから、同罪が成立する可能性が高いといえます。

公然わいせつ罪とは｜勢い余って**最後の1枚も脱いでしまうと、公然わいせつ罪（刑法174条）になるかもしれません**。同罪にいう「わいせつ」とは、判例では「いたずらに性欲を興奮又は刺激させ、かつ、普通人の正常な性的羞恥心を害し、善良な性的道義観念に反するもの」と定義されており、最後の1枚を脱げば「わいせつ」に該当するというのが一般的な判断です。

　なお、脱ぎ芸を見た人が異性であるか否かは、公然わいせつ罪の成立には関係ないので、飲み会の参加者が同性だけであったとしても、同罪は成立し得ます。同罪にいう「公然」とは、不特定または多数の人が認識できる状態を指します。飲み会が開催されるお店には多くの人々が来店しますし、その人たちによって認識できる状況にあるならば、「公然」であるといえます。

　過去には、前科が6件ある中で、飲食店で性器を露出した事案において、懲役10カ月の刑を言い渡した裁判例もあります。

　脱ぎ芸に頼らなくてもよい、トークスキルを身に付けましょう。少なくとも女性に脱ぎ芸は受けないと思いますよ。

40
相手のセクシュアリティ を暴露する

設例
同性の友人から突然、愛の告白。私を含め周囲の誰も、同性愛者とは知りませんでした。1人では受け止めきれずに別の友人に相談したら、その話が広まってしまいました。

プライバシー権侵害に 該当する可能性あり!

たとえ「内緒だよ」と言われなくても、承諾なく公表はしない

　性的多様性への理解については、最近、パートナーシップ制度を導入する自治体が出てきてはいますが、とはいえ、受け入れの社会的風潮は、まだ十分なものとはいえません。

　同性を恋愛対象とする事実は、あくまでその人個人のプライバシーにかかわる問題です。自分が同性愛者だと打ち明けるのは、受け入れてくれそうな限られた人だけにしたい、積極的に他人に開示することをためらう、というのは普通のことです。特に、性的少数者への理解が不十分な日本の現状で、そういう方は多いと思います。

　ですから、打ち明けた友人の承諾なく、他の友人とその事実を共有すること、まして不特定多数に同事実を公表することは、**たとえその友人から「内緒だよ」と言われていなかったとしても、プライバシー権侵害に該当する可能性があります。**

　今回のように、本人の承諾なく、本人が公表していない性的指向や性自認を第三者に公表することを「アウティング」といいます。過去には、友人にアウティングをされた方が、それを苦に自ら命を絶ってしまった痛ましい事件も起きています。

社会全体で理解すべきこと　同性から告白されて、どう対処したらいいかわからず、誰かに相談したくなることもあるでしょう。しかしそれは、日本の現状においては、まだまだセンシティブかつデリケートな事柄です。**あなたが誰かに相談することが、あなたに想いを伝えた人を苦しめ、時に自ら命を絶つほど追い詰めてしまうこともあると、肝に銘じておく必要があります。**

　同性を恋愛対象とするのは自然なことであると社会全体が十分に理解していない現状では、各人が思慮深く行動することが大切です。

41

借りたものを
返さない

貸した本返して

シカトしよう…

ゴキャリ

やったこと
あり！
68%
！

設例
友人から「貸した本を返してくれ」と催促されていますが、見つかりません。借りたのは数年前で、引っ越しか何かでなくしちゃったかも。シカトし続けたらマズイでしょうか。

使用貸借契約により
返却の義務がある！

「借りるね」「貸すよ」で使用貸借契約成立、「返して」で契約解除

　友人から本やゲームを借りたのに、返さなかった、なんて経験はありませんか。借りたままやり過ごすと、友人からの信頼を失うだけではなく、法律違反にもなり得ますよ。

　本を借りるという行為は、一定期間経過後、その本を返すことを前提としているといえます。友人など、親しい間柄で本を貸し借りする場合、レンタル料を取ることはないと思いますが、ここでは、本を引き渡すこと、および無償で読んだ後に本を返すことを合意したといえ、使用貸借契約（民法593条）が成立しています。

　今回のケースでは、本を貸す期間や、本を使用する目的を定めていないので、**貸主である友人はいつでも使用貸借契約を解除して（同法598条2項）、本の返却を要求できます。あなたには本を返す義務がありますし、仮になくしてしまったのであれば、損害を賠償しなければなりません。**

**横領罪にも
なりかねない**　また、友人から何度も返してと言われているのに無視していると、本を自分のものにしようとする意図があると判断され、横領罪（刑法252条）が成立する可能性があります。横領罪の法定刑は5年以下の懲役です。

　数年前だし、もう時効じゃないか、と思いますか？　取得時効は、「自分の物」として20年間持ち続けることで成立しますが、**今回はあくまで友人から「借りている」状態で、「自分の物」として持ち続けていたわけではありませんから、何年経とうと時効は成立しません。**永遠に逃げ続けるわけにもいきませんから、なくしてしまったのであれば、友人に正直に話して、謝って、弁償をしたほうがよいですよ。

42 同棲を一方的に解消する

設例

同棲5年、財布も共有する恋人に別れを告げたら、慰謝料を請求されました。結婚を意識してはいましたが、具体的に約束したわけでもないのに、納得いきません。

**内縁関係の不当な破棄で
慰謝料請求の可能性あり!**

「夫婦同然」の関係なら、
一方的な解消は不法行為

　交際の一環として、はたまた、結婚後も共同生活を送れるかを判断するためなど、結婚前に同棲をするカップルは多いと思います。今回は、同棲を一方的に解消した場合の法律問題について考えてみましょう。

　同棲中の男女の関係が、内縁関係にあたる場合、一方からの不当な関係の破棄は、不法行為となり慰謝料請求が認められる可能性があります（民法709条）。

| 内縁関係の
定義とは？ | 内縁関係とは、結婚の意思を持って、夫婦として共同生活をし、社会的にも夫婦と認められて |

いるものの、婚姻届を提出していない関係のことをいいます。婚約をしていた、同棲が長期にわたっていた、家計を1つにしていた、親族に婚約者として紹介していた、冠婚葬祭に夫婦として出席していたなどの事実があると、内縁関係にあったと認められやすくなります。

　今回のケースでは5年間という長期にわたり同棲をしており、家計も同一にしています。そして、具体的には約束していないものの、将来の結婚を意識していたといいます。「いつか結婚しようね」などの会話もあったかもしれません。そうすると、この2人は、内縁関係にあったと判断される可能性があります。

　画一的な判断は難しく、上記のような事情を総合して内縁関係の有無が判断されます。この例よりもっと短い、2年から3年の同棲に、他の事情を考慮して内縁関係を認めた裁判例もあります。

　同棲生活を始めるときと同様、関係を解消するときも、一方的に決断するのではなく、誠実に話し合うことが大切ですね。

43

既婚者と知って
いながら不倫する

やったこと
あり！
23%
！

設例 不倫が相手の奥さんにバレてしまいました。既婚者と知って
いましたが、酔っていたし、たった一度のあやまちです。そ
れでも慰謝料を求められたりするのでしょうか。

不貞慰謝料の請求が
認められることも！

既婚者と知らなかった……が
「過失」とされることも

　ここ数年、世間を騒がせている不倫問題、自分が当事者となる危険は至る所に潜んでいます。

　酔っぱらっていたから、相手に誘われたからといっても、**相手が既婚者であると知った上で、自分の意思で一夜を共にし、肉体関係に及んだ場合、不貞行為に該当します**。たとえ一度きりだとしても、**相手の配偶者からの不法行為に基づく慰謝料請求が認められる**可能性があります。**仮に相手が既婚者だと知らなかった場合でも、注意を払えば既婚者であると疑うことができたときは、知らなかったことに「過失」がある**として、やはり上記請求が認められる可能性があります（民法709条）。

　一度きりでもそうなのですから、当然ながら不貞行為の回数が多いほど、また、不倫の期間が長いほど、慰謝料額は高額となります。

慰謝料請求の
時効は

　慰謝料には、**配偶者と不倫相手が不貞行為をしたことについての不貞慰謝料**と、**離婚することの精神的苦痛に対する離婚慰謝料**があります。離婚は最終的には夫婦が決めるものですから、第三者である不倫相手に対する離婚慰謝料が認められる場面は限定されますが、2つの慰謝料が同時に認められることもあり得ます。

　また、相手の配偶者が不貞行為を知ったときから3年が経過すると、時効（同法724条）により、不貞慰謝料請求は認められなくなります。ただしその時点で、相手夫婦の離婚から3年が経過していない場合、離婚慰謝料請求が認められる可能性があります。

　既婚者であったり、既婚者であると疑われたりする場合、軽率に親密な関係になることはやめましょう。

44

未成年者を
デートに誘う

やったこと
あり！
7%
！

設例 出会い系サイトで知り合った子が、初デートで15歳の未成年とわかりました。帰りが遅くなって23時を回ってしまいましたが、純粋なデートなのでいいですよね？

青少年保護条例違反で
罰金の可能性あり！

お小遣いをあげても問題ないが
深夜のデートは問題あり

　出会い系サイトで知り合ったとしても、知り合いの紹介でも、金銭のやり取りがあったとしても、お茶を飲む、映画に行くなどであれば、**未成年者とのデート自体は犯罪行為にはあたりません。**

　ただし、時間帯の制限はあります。各都道府県が青少年保護条例を定めていますが、**例えば東京では、深夜（午後11時から翌日午前4時）の青少年（18歳未満）とのデートは条例違反**となります（東京都青少年の健全な育成に関する条例15条の4、同条2項）。このうち16歳未満の青少年を深夜に連れ出した場合は、30万円以下の罰金が科せられます（同条例26条5号）。よって今回の事例では条例違反として罰金が科せられる可能性があります。

未成年者誘拐罪に　**　また、場合によっては未成年者誘拐罪に問われ**
なるケースとは　**ることもあり得ます。**以前、出会い系サイトで
知り合った女子高生を県外に連れまわしていたとして、20代の会社員が未成年者誘拐の疑いで逮捕されました。

　未成年者誘拐罪（刑法224条）は、判例上、未成年者の身体の自由に加え、保護者の監護権を侵害した場合にも成立するということが通説です。よって、**たとえ未成年者本人の同意があっても、保護者に連絡をせずに日をまたいで連れまわすような行為は、単なるデートの範囲を越えて保護者の監護権侵害にあたり、同罪が成立する可能性もある**のです。

　相手が未成年者であっても、真剣な交際であれば問題はありません。そして、真剣であるのなら、まずは保護者の方にきちんとご挨拶をし、許可を得ましょう。本人の同意だけで、自宅に連れ込んだり、連れまわしたりする行為はよくありません。

45

殴り合いの
ケンカをする

やったこと
あり！
29%
！

設例 意見の対立からお互いに激高し、殴り合いで決着をつけることに。結果、お互いケガをしましたが、合意の上なのだし、罪にはなりませんよね？

暴行罪、過失傷害罪、傷害罪
のどれかが成立か？

自分がケガしても、相手にケガをさせた罪は帳消しになりません！

　殴ったりしたのはお互い様だから犯罪にはならない、とはなりません。ケンカ両成敗という言葉通り、ケンカをすると、両方が罰せられる可能性があるのです。

　ケンカにおける、**胸ぐらをつかむ・殴る・蹴るなどの行為自体、互いの身体に向けて違法に力を行使するものといえ、暴行罪（刑法208条）が両者に成立し得ます。**そして、これらの行為により、相手にケガを負わせれば、別の罪状となります。**相手にケガを負わせるつもりがなかった場合は、過失傷害罪（同法209条）が成立する可能性があり、激しい暴行を加えていれば、相手にケガを負わせることを許容していたとして、傷害罪（同法204条）が成立し得ます。**

　たとえ互いの同意がある殴り合いでも、事情は変わりません。ケンカの動機や目的、ケンカにおける行為の一部始終、相手が負ったケガの箇所や程度から、その同意が社会的に相当といえないときは、上記犯罪が成立する可能性があります。

　ケンカにより相手にケガを負わせた事案で、罰金10万円を科した裁判例があります。さらに、ケンカにおける暴行により、相手が死亡した場合に懲役3年を科した裁判例もあります。

ボクシングに見せかけてもアウト　なお、ボクシングの試合などは、相手を殴ってはいますが、ルールに則った競技として正当行為であり、もちろん違法とはなりません。ただし、ボクシングのリングやグローブをケンカのために使用したという場合は、正当行為とはならず、上記犯罪が成立する可能性があると思われます。

　何事も、話し合いで解決することが大切ですね。

46

友人と一緒に写った
写真を無断でSNSにアップ

飲み会で一緒に撮った写真をSNSにアップしたら、「勝手に載せないで」と怒られました。隠し撮りでも、不都合のある場面でもなく、なぜいけないのか、わかりません。

肖像権侵害で
損害賠償の責任も!

撮影されたり、写真を勝手に公開されたり しない権利が、誰にでもある

　友人との楽しいひとときを写真に撮って、SNS にアップ。フォロワーからたくさんの「いいね！」をもらったなんて経験、あるのではないでしょうか。しかし、写真を SNS にアップするときには注意しなければならない点が多くあります。

　判例上認められた権利として、肖像権という権利があります。肖像権とは、みだりに（正当な理由がないのに）身体や顔を撮影されたり、撮影された写真を勝手に公開されたりしない権利をいいます。肖像権が侵害されたか否かは、その人の顔を特定できるか、撮影された写真においてその人がメインの被写体となっているか、写真が公開された場所は拡散される可能性が高いか、公開に関して同意があったか、といった点を考慮して判断されます。

撮影には同意あり 公開には？　写真を撮影することについては同意していても、その写真を SNS で公開することについて同意を得ていなかった場合に、断りなく友人の写真を SNS にアップすれば、その友人の肖像権侵害となるおそれがあります。

　また、子どもが遊んでいる姿を見て、かわいいからと、その子の親の承諾を得ないで写真を撮ったような場合、みだりにその子の身体や顔を撮影したとして、肖像権侵害となる可能性があります。

　そして、**肖像権を侵害した場合、精神的苦痛を与えたことに関して、損害賠償責任を負う可能性**があります（民法 709 条）。

　写真を撮るときや SNS にアップするときは、対象人物から同意をとることが肝心です。また、対象人物を特定できないように加工した上でアップするなどの方法をとることも大切です。

47 騒音でアパート住民
に迷惑をかける

やったこと
あり！
40%
！

設例

プロのギタリストを目指して1年以上、昼はバイト、夜は
練習の毎日。同じアパートの人にうるさいと言われ、警察を
呼ばれたことも。でも夜しか練習できないので、続けます。

軽犯罪法違反で
拘留または科料の可能性あり！

公務員の制止をきかずに楽器演奏で
静穏を害すと、軽犯罪法違反

　練習熱心なのは良いことですが、限度を超えると、法律違反となる可能性があります。

注意されても　｜　今回のケースでは、ギターの演奏音について隣
やめないと　｜　人から苦情が出ています。**警察からも注意があ**ったにもかかわらず、夜のギターの練習を続ける行為は、静かな環境を害して同じアパートの住人に迷惑をかけたとして、**軽犯罪法1条14号違反（拘留または科料もしくはその併科の対象）となる可能性があります。**

　また、ギターの演奏音が、近隣住民の受忍限度を超えたものである場合は、住人に対して損害賠償責任を負う可能性があります（民法709条）。人々が生活するにあたり、音を全く生じさせないのは不可能ですから、楽器の演奏音などを含む生活音については、受忍（我慢）できる限度を超える場合のみ違法として、損害賠償責任を負うことになっています。

　受忍限度を超えているかは、平均的な人の通常の感覚や感受性を基準に判断されます。その際は、アパートの住人の被害について加害行為（この場合はギターの練習）がどれだけ関与しているか、被害の程度、被害の存続期間、被害防止措置をとることが容易であったかなどの事情が総合的に考慮されます。

　今回のケースでは、1年という長期間にわたり毎日夜にギターを練習しています。また、何回も注意される程の音量であり、それにもかかわらず防音対策などはしていないといえます。よって、**受忍限度を超えたとして、損害賠償責任が生じる可能性があります。**

　たかがギターの音と軽視せず、真摯に対応する姿勢が大切です。

48

SNSで他人に
なりすます

 設例　友人のスマホを預かっていたとき、たまたまLINEに着信が。つい「OK！　わかった」と返信してしまいました。相手は、スマホの持ち主本人だと思ったようです。

不正アクセス禁止法違反で3年以下の懲役または100万円以下の罰金？

ロックやパスワード保護の
状態にかかわらず違法となる

　家族や友人などのスマホ画面の LINE のポップ表示に気付いたと
しても、通常はそのままにしておくと思います。いたずらで返信す
ることは言語道断ですが、たとえ親切心からであっても、勝手に
LINE の返信をするようなことは慎まなければなりません。

　**返信する際、LINE のログイン ID やパスワードを勝手に入力して
ログインした場合には、不正アクセス禁止法違反**となります（同法
2 条 4 項 1 号）。この場合、3 年以下の懲役または 100 万円以下の罰
金が科される可能性があります（同法 11 条）。

「返信できちゃっ た」はセーフ？	では、ログイン ID やパスワードを入力しなく とも、LINE を起動できてしまった、メッセー

ジの返信もできてしまった、としたら、どうでしょうか。この場
合、他人のパスワードなどの入力行為がないのだから、違法ではな
いとも考えられます。しかし、**使用者の利便性を考慮し、スマホが
パスワードやログイン ID を覚えているようなときは、LINE を起動
する行為やメッセージの返信が、不正アクセス禁止法違反になる可
能性があります。**

　ですから、どのような状態でも、他人の LINE を勝手に見たり、
ましてや返信などをしてはいけません。これは 36「他人のスマホの
ロックを解除して中身を見る」（p.92）でも説明した通りです。

勝手な返信は 「不正利用」	LINE などの SNS を利用することで、他者と の交流を深めたり、様々な情報を取得したりす

ることができ、大変便利な世の中となっています。一方でアカウン
トを不正利用される例が後を絶ちません。各自が SNS を適切に利
用し、不正利用をしないよう心がけましょう。

49

SNSで
誹謗中傷をする

何かと衝突する嫌なヤツ。腹に据えかねて、SNSで「二度の離婚歴あり」「出身校は偏差値最低ランク」など書いてやりました。どれも事実なので問題ないですよね？

（設例）

名誉毀損罪の可能性あり！
慰謝料が高額になることも！

「事実なら OK」「誰が書いたかバレない」は、どちらも誤り！

SNS を用いた誹謗中傷は、対象人物を傷つけ、時には、死に追い込むこともあります。書き込んでいるのが自分だとはわからないだろう、と思って軽率に書き込みをしていませんか？　そのような認識は即刻改めるべきです。

SNS での発言主は、プロバイダ責任法 4 条に基づく発信者情報開示請求により、特定することが可能です。そして現在、SNS での誹謗中傷被害の増加や深刻化を受け、同請求によって開示できる情報に、電話番号を加えることなどが検討されており、今後は発信者の特定はいまより容易になると思われます。発信者として特定されれば、被害者の告訴により名誉毀損罪などに問われたり、損害賠償を請求されることもあるでしょう。完全な匿名はあり得ないということを、まずは肝に銘じましょう。

今回の「二度の離婚歴あり」「出身校は偏差値最低ランク」といった書き込みは、**内容は真実であったとしても、人の社会的評価を低下させるおそれがあるため、名誉毀損罪（刑法 230 条）が成立する可能性があります。**また、名誉毀損罪の「事実」とは「一定程度の具体性を持った事柄」という意味ですので、こういった書き込みが完全なウソであった場合も同じく名誉毀損罪が成立し得ます。

民事訴訟になることも

名誉毀損を理由とする損害賠償請求の訴訟を提起された場合、数百万円の高額な慰謝料が認められることもあります。

真実なら誹謗中傷にあたらないとお思いの方もいるかもしれませんが、そうではありません。事実であれウソであれ、面と向かって言えないことであれば、SNS にも書き込むべきではありません。

COLUMN 3

「SNSを縛る法律」が、必要でしょうか?

公権力に干渉されない、自由な発言の場

　韓国の芸能界では、数年前から SNS での書き込みを苦にしたと思われる芸能人の自殺が相次いでいます。日本の芸能界とは異なる過大なストレスが韓国芸能界にはある、そんなふうに他人ごとに分析している場合ではないという出来事が、2020 年に日本でも起きました。テレビ番組出演をきっかけに SNS での誹謗中傷にさらされていた女性が、命を絶ったのです。

　SNS での誹謗中傷に対しては、現在の日本では明確な対策がありません。SNS は、誰もが発信媒体を持ち、自由に発言ができ、対抗手段（反論の機会）も SNS 上で保証されているからという理由です。自由な言論の場は、憲法 21 条（表現の自由）で保証されており、むやみに公権力

が干渉をすることは、表現の萎縮を招くことにもつながります。

深刻な被害は放置できない

　ただし、昨今のSNSは、「炎上」という言葉に表れている通り、ターゲットを見つけては、その人を徹底的に攻撃するという集団リンチ、いじめの様を呈していることも事実です。もちろん、「死ね」「殺す」などの発言には、対抗手段はあります。このような発言は、名誉毀損罪、脅迫罪、侮辱罪などに該当する可能性があります。しかし、**現在の日本の法制度では、発信者を特定するまでに時間や費用がかかるため、言われっぱなしで泣き寝入りをする方が多い**という現実があるのです。

　そこで総務省は、先の事件も受け、インターネット上で誹謗中傷を受けた被害者が交流サイト（SNS）運営会社などに請求できる投稿者情報に、電話番号を追加するなどの省令を改正する方針を示しました。現行制度では、投稿者に関する情報開示請求は氏名や住所、IPアドレス（ネット上の住所）などに限られますが、**電話番号が判明すれば、携帯電話会社に直接投稿者の情報を照会でき、発信者にた**

どり着くことが容易になり、被害者が加害者に対し、損害賠償を請求しやすくなるのです。

　SNS は一部の人や組織に限られていた表現手段を、広く開放したという点ではとても有益なメディアである反面、誤情報のあふれているメディアでもあります。**情報の選択の仕方を誤ると、意図せずに自分自身が加害者となる危険があります。**

　リツイートについても注意が必要です。誤情報を拡散したり、執拗に誹謗中傷を繰り返せば、被害者から名誉毀損罪などで訴えられる可能性は十分にあります。みんながリツイートしていたから、という言い訳も通用しません。

SNS との付き合い方を1人ひとりが考えよう

　そして SNS の投稿は、匿名が保証されるものではなく、段階を経れば発信者が特定できるということも忘れてはいけません。匿名だからと自分のストレス発散のために、誰かを攻撃するような投稿をしている方は、いますぐ SNS との付き合い方を改めましょう。

　SNS の利点を生かすも、欠点を助長させるも、利用者である私たちのモラルにかかっています。法律で規制されていないから何をしてもよいというのではなく、1人ひとりが、「自分がされて嫌なことは他人にもしない」という当たり前のことを実践できる世の中であってほしいですね。

第 4 章

社会的な アウト!

昔から編

家庭ごみ
の処理

庭木の
はみ出し

行列に
割り込み

etc.

50
家庭ごみをごみ捨て場以外に捨てる

やったこと
あり！
46%
！

設例 早起きが苦手で、朝のごみ出しに間に合わず、公園のごみ箱や近所のマンションのごみ収集場にこっそり捨てることがあります。これって法に触れますか？

軽犯罪法または
廃棄物処理法違反になりうる！

家のゴミ袋1つでも、
決められた場所以外に捨てれば「不法投棄」

　不法投棄というと、自治体にお金を払って回収を依頼する粗大ごみなどを、車で運んで山奥に捨てる、というような場面を想像するのではないでしょうか。家のごみ袋1つくらいであれば、不法投棄なんて大ごとにはならない、そう考えてはいませんか？

　しかし、その考え方は危険です。**軽犯罪法では公共の利益に反してみだりにごみを捨てると拘留または科料に処すると規定されています。**また、廃棄物処理法16条は「何人も、みだりに廃棄物を捨ててはならない。」と規定しています。家庭ごみも同法2条1項の「廃棄物」にあたりますから、**本来捨てるべきではない日時に、また捨てるべきではない場所に家庭ごみを捨てれば、廃棄物処理法違反となる可能性もある**のです。

さらにこんな
犯罪にも また、近所のマンションのごみ収集場に勝手に足を踏み入れてごみを捨てれば、収集場の状況次第では、住居侵入罪（刑法130条）に問われる可能性もあります。

　コンビニに家庭ごみを捨てることはどうでしょうか。コンビニのごみ箱は、コンビニの利用者のためのごみ箱であって、近所の家庭ごみの集積所ではありません。コンビニの店員さんには、皆さんの家庭ごみを処理する義務はありません。**あなたが家庭ごみをコンビニのごみ箱に捨てれば、店員さんに余計な仕事が増え、本来の業務に割く時間が減る、つまり仕事の邪魔をすることになりますから、威力業務妨害罪（刑法233条）にあたる可能性もあります。**

　たかがごみ袋1つと侮るなかれ。みんなで決めたルールを守って、互いに快適に過ごせるようにしましょう。

51

お酒を飲んで
自転車を運転

やったこと
あり！
32%！

設例
通勤時、自宅と駅の間は自転車を使っています。夜は飲んで
乗ることもありますが、泥酔して「危ないな」と思うときは
歩きにするなど、加減は心得ているつもりです。

**「酒酔い」は道路交通法違反で5年以下
の懲役または100万円以下の罰金！**

自転車も道路交通法の「車両」
酔っての運転は完全にアウト！

　自動車の飲酒運転がいけないことは誰もが知っています。しかし、自転車くらいなら問題ない、そう思っていませんか？　実は**道路交通法では、お酒を飲んでの自転車の運転も禁止されている**んですよ（65条）。

酒酔いはもちろん
酒気帯びも禁止
　このお酒を飲んでの運転には、酒量によって「酒気帯び運転」と「酒酔い運転」があります。このうち「**酒酔い運転」とは、呼気中のアルコール濃度に関する数値基準はなく、まっすぐ歩けない、ろれつが回らないなど、「アルコールの影響により正常な運転ができないおそれがある状態」**をいいます。「酒酔い運転」をすると、5年以下の懲役または100万円以下の罰金が科されます（同法117条の2）。

　2018年9月には、福岡県内で自転車を蛇行運転していた女性が、酒酔い運転の疑いで現行犯逮捕されました。

　一方「**酒気帯び運転」については、自転車の場合は罰則がありませんが、禁じられていることには変わりありません。**

　酒に酔って自転車で交通事故を起こし、他人をケガさせたり死亡させたりした場合には、過失傷害罪（刑法209条1項、30万円以下の罰金または科料）や過失致死罪（同法210条、50万円以下の罰金）、民事でも損害賠償責任を負う可能性があります。

　なお、飲酒後にその者が自転車を運転するとわかっていながら酒類を提供した者には、「3年以下の懲役又は50万円以下の罰金」が科されます（道交法117条の2の2第5号）。

　お酒を飲むと、通常時と比べて判断力が弱まります。ご自身の安全のためにも、自転車は乗らずに、押して帰りましょうね。

52

木に登って枝を折ってしまった

やったこと
あり！
22%！

設例 公園でのお花見のとき、酔って調子に乗って桜の木に登り、枝をポッキリ折ってしまいました。木に登ること自体は問題ないですよね？　枝を折ったことは罪でしょうか？

都市公園法違反で10万円以下の過料の可能性あり！

桜の枝を折って「器物損壊罪で逮捕」 の事例もあり

　桜は通りすがりに愛でるだけでも満ち足りた気分になりますが、大勢で車座になって、桜の木の下でお酒を酌み交わしながらのお花見もまた楽しいものですよね。ただし、酔っ払いすぎてトラブルを起こしてはダメですよ。

　地方公共団体や国が設けた公園施設については、**都市公園法に規定があり、都市公園を損傷し、または汚損すること（11条1項1号）や竹木を伐採し、または植物を採取すること（11条1項2号）は禁止行為とされ、違反した場合には10万円以下の過料**に処せられます（同法40条1項）。

　公園などの管理権者の物を損壊したとして、器物損壊罪（刑法261条）に問われる可能性もあります。実際、2016年に大阪で、ストレス発散で桜の枝を折ったとして、男性が同罪で逮捕されました。

　桜の木だって生き物です。たとえ枝が折れなくても、揺さぶるだけでも木や枝が痛むことはあるでしょうし、まして登ったりすればなおさらです。良いアングルで写真を撮ろうとして、枝を無理に引っ張ったりするのもやめましょう。

酒酔いに関する 昔からの法律｜また酒に酔って、周りの人々に迷惑をかけるような著しく粗野または乱暴な言動をした場合には、拘留または科料、もしくはその両方に処せられるおそれがあります。これは「酒に酔って公衆に迷惑をかける行為の防止等に関する法律」の4条に規定されています。

　この法律は昭和36年に作られた法律なんです。当時からお酒に飲まれちゃう人を取り締まろうとしていたんですね。お花見に限ったことではないですが、「お酒は飲んでも飲まれるな！」です。

53

酔って
道路で寝る

やったこと
あり！
13%
！

設例

浴びるほど飲んでしまった飲み会からの帰り道、ちょっと休もうと座り込んだら、なんと朝まで爆睡！　夜が明けて道の真ん中で目が覚めました。

道路交通法違反で5万円以下の
罰金の可能性あり！

法律以前にとっても危険！
ケガの上に罰金の追い打ちも可能性あり

かつて、泥酔して市道の中央付近で寝そべっていたところをトラックにひかれ、全治1カ月の重傷を負った男性が書類送検されたというニュースがありました。被害者なのになぜ、と思いますか？罪名は道路交通法違反です。

道路交通法は、自動車や自転車の走行について規定している法律と思われるかもしれませんが、道路の使用に関する法律ですから、車両と同じように道路を利用する歩行者に関する規定もあるのです。

歩行者に関する規定 ｜ 道路交通法76条では、道路における様々な禁止行為が規定されています。**交通の妨害となるような方法で寝そべり、すわり、しゃがみ、または立ち止まってはいけないという規定（4項2号）。また酒に酔って交通の妨害となる程度にふらつくことを禁止する規定もあります（4項1号）。**いずれも交通の危険を生じさせる行為だからということです。

確かに、車を運転する方は、道路に人が寝そべっている可能性を常に考えながら運転はしていませんよね。それは、「人は道路に寝そべってはいけない」ということが、道交法に定められているだけでなく、運転者にも歩行者にも共通認識としてあるからではないでしょうか。もちろん結果として、人をひいてしまえばその運転者にも罪が生じますが、直前で気付いてハンドルを切ることで、さらに大惨事になる可能性もあります。道路に寝そべるということは、周囲を巻き込むとても危険な行為なのです。

警察は違反者を見つけても、即逮捕ではなく、保護をして注意を促すと思われますが、**道交法上は、違反者には5万円以下の罰金が科せられます**（120条1項9号）のでお気を付けください。

54

他人の傘を
勝手に持ち帰る

やったこと
あり！
27%
！

コンビニを出ようとしたら、自分の傘がありません。誰かが持っていってしまったみたいなので、代わりに同じタイプのビニール傘を持って帰りました。

窃盗罪に該当の可能性あり！

たとえ安価なビニール傘でも、他人の物を勝手に持ち帰るのは「窃盗」

もしこれがスニーカーだったら、同じことをするでしょうか？誰かが間違えて自分の靴を履いていってしまったようだから、自分も誰か他の人の靴を履いて帰ろう、とはならないと思います（サイズの問題などはさておき）。なぜでしょう？　みなさん心のどこかで、ビニール傘くらい、いいだろう、という思いがあるのでは？

しかし**窃盗罪は、物の値段で罪の成否が決まるものではありません。500円程度のビニール傘であっても、他人の物を勝手に持ち帰れば、窃盗罪（刑法235条）に該当します。**なお、同じ傘でも、電車に置き忘れてあった傘を持ち帰った場合には、窃盗罪ではなく、占有離脱物横領罪（同法254条）が成立します。

コンビニと電車の違い

この違いは、対象物に持ち主の占有が及んでいるかどうかです。コンビニなどの傘立ての傘は、持ち主の占有下にあるといえますから、窃盗罪。電車の置き忘れであれば、持ち主はその傘のそばにはすでにおらず、持ち主の占有は及んでいないといえますので、占有離脱物横領罪に該当します。ただし、持ち主がいったん電車を降りた後に、すぐに気付いて傘を取りに車両内に戻ったような場合は、傘に対する持ち主の支配が継続していたと判断されますので、その傘を取れば、窃盗罪が成立します。

なお、他人の傘を自分の物と勘違いして、コンビニなどの傘立てから持ち帰った場合は、犯罪の故意がありませんので、窃盗罪は成立しません。ただしその場合でも、他人の傘だと気付いたのに、そのまま自分の物のように使い続けていれば、占有離脱物横領罪に該当します。気付いた時点で、コンビニに戻すことが賢明ですよ。

野良猫に石を投げつける

設例

近所に餌をやる人もいるので野良猫が集まり、鳴き声がうるさくて仕方ありません。石を投げて追い払いますが、たまに当たってしまうことも。動物虐待になりますか？

動物愛護管理法違反で、懲役刑または罰金の可能性あり！

相手が飼い猫でも野良猫でも
地域社会の問題として解決を

　動物の適切な管理を規定している**動物愛護管理法は、飼い猫と野良猫を区別してはいません。**いずれも愛護動物であり、**愛護動物をみだりに殺したり傷つけたりした者には、5年以下の懲役または500万円以下の罰金**が科せられます（同法44条1項）。

| 当たらなくても 懲役または罰金 | 鳴き声がうるさいからと猫に石を投げつける行 |

為は、猫の身体を傷つけるおそれがあり、**たとえ猫に石が当たらなくても、1年以下の懲役、または100万円以下の罰金**が科せられます（同法44条2項）。

　とはいっても、野良猫の糞や鳴き声で困っている方がいることも事実です。その一方で、野良猫がかわいそうだとして餌をやる人もいます。野良猫に対する考え方が人によって異なることが、問題を複雑にしているようです。

　野良猫対策については、各自治体が様々な取り組みを行っています。例えばほとんどの自治体に、野良猫の不妊去勢手術の一部助成制度があります。野良猫は年に3、4回出産し、1回で5匹程度の子猫を生むというように、繁殖率の高さが問題だからです。また、野良猫を保護する人たちに向けて、正しい餌の与え方、食べ残しや糞の清掃、猫のトイレを作るなどのルールを守ってもらうことで、地域における「飼い主のいない猫」の適切な管理を進めているようです。

　こういった活動を後押しするように、**2020年6月施行の改正動物愛護管理法では、不適正な飼養や無責任な餌やりなどによって、周辺の生活環境が損なわれているときは、原因者に対して都道府県が、勧告や命令などができるようになりました。**違反した場合には50万円以下の罰金が科せられます（同法25条、46条の2）。

56

自転車で
歩道を走る

やったこと
あり！
87%
！

設例 自転車で歩道を走っていたら、「車道を走れ！」と注意されました。自転車専用の通行帯がない道路だったし、車が怖くて車道なんて走れません！

道路交通法違反で
2万円以下の罰金?!

自転車は車道走行が原則。
例外的に歩道を走る際も守るべき規則あり！

　道路交通法では、自転車は「軽車両」に分類され、自動車やバイクと同じ「車両」の一種として扱います（2条1項11号イ）。そして同法17条は、「車両は、（中略）車道を通行しなければならない」と定めているので、**自転車は原則歩道ではなく、車道または自転車専用道を通行しなければなりません。**また車道走行の際は車と同じく左側通行、右折時は原付バイクと同じように二段階右折をしなければなりません（同法34条3項）。これらに違反すると、2万円以下の罰金または科料に処せられます（同法121条1項5号）。

　ただし、①**自転車の「歩道通行可」の標識がある場合、②運転者が13歳未満または70歳以上の場合、③運転者が身体に障害を抱えている場合、④車道や交通の状況からやむを得ないと判断できる場合には、普通自転車で歩道を走行することもできます**（同法63条の4、同法施行令26条）。④のやむを得ないと判断できる場合とは、⑦**路上駐車している車両が多い、④自動車の交通量が多い、⑪車道が狭い**などが客観的に認められる場合とされています。

　なお、このように**歩道走行が認められている場合でも、自転車は基本的には車道寄りを徐行しなければいけませんし、歩行者の通行を妨げるような走行をしてはいけません**（同法63条の4第2項）。

車道を走る際の
危険行為

　私も毎日のように自転車に乗りますが、車道を逆走する自転車も多く見かけます。これは、他の自転車やバイクと正面衝突する危険があり、危険行為の1つである「妨害運転」として取締りの対象になっていますので、お気を付けください。

57

無料のものを
大量に持ち帰る

スーパーにある無料の割り箸を多めに持ち帰ろうとしたら、店員に注意されました。「1人何膳まで」と書いてあるわけでもなく、納得いきません。

窃盗罪に該当する可能性あり!

すぐに通報・逮捕の可能性は低いが、 度を越せば現行犯逮捕ということも

割り箸、プラスチックのスプーンやフォーク、ガムシロップ、お手拭きなどなど。日本のスーパーや飲食店には、無料でお持ち帰りできるものがたくさんありますね。人の物を盗んではいけませんが、無料なのだから、いくら割り箸を持ち帰っても犯罪にはならないと思いますか？

無料といっても限度があり、**持ち主が想定した以上に物を持ち帰る行為は、窃盗罪（10年以下の懲役または50万円以下の罰金）に該当する可能性があります**（刑法246条）。

過去には、買い物客が「無料」で氷を持ち帰れるように、製氷機を常置していた茨城県内のスーパーで、この製氷機から氷14キロを持ち帰ろうとした男性が現行犯逮捕されたことがありました。製氷機には「大量の持ち帰り禁止」「備え付けの袋2つ分まで」といった注意書きがありました。男性はそれまでも複数回注意を受け、当日も注意を受けたにもかかわらず、持参したポリ袋で氷を大量に持ち帰ろうとしたため、スーパーが通報をしたということです。

節度をもって 必要量だけを

今回のケースでも、スーパーは、商品を購入した客へのサービスとして箸を用意しているのであって、全ての人に無料で無制限に提供しているわけではありません。また「1人何膳まで」との掲示がなくても、お店は常識的な数量を想定しており、それを大幅に超える数の割り箸を持ち去れば、窃盗罪となる可能性があります。「お客様のお好みで」と記載しているお店もありますし、大量に持ち帰ったからといって、すぐに通報や逮捕されることはないでしょう。だからこそ、節度のある態度が求められます。必要量だけを持ち帰るようにしましょうね。

58 公園の花壇の花を摘む

やったこと
あり!
21%
!

設例 公園の花壇に咲いていたかわいい花を1つ摘んで、リビングに一輪挿しで飾っています。ものすごく珍しい高級な花でもないし、たくさん咲いているので、いいですよね。

都市公園法違反で10万円以下の過料の可能性あり!

場所により適用される法律は異なるが、控えたほうがよい

　公園や道路沿いに、きれいに整って咲く花壇を設けている自治体は多いですよね。誰かが勝手に植えているわけでも、自生しているわけでもなく、自治体が専門業者を雇って、つまり皆さんの税金で、花壇はいつもきれいに管理されているのです。そう考えると、きれいに咲いているから1本くらい、といって花壇の花を摘むことがいけないことだというのはわかりますね。

　公園の花を摘む行為は、都市公園法11条1項2号で禁止されており、違反をすると10万円以下の過料に処せられます（42条1項）。

　またお寺の境内や、学校などに入って花を摘む行為は、勝手に他人の敷地に入ったということで建造物侵入罪（刑法130条）、他人の所有物である花を無断で切ったとして、器物損壊罪（同法261条）に問われる可能性があります。

**川べりの
タンポポなら？**　河川敷や線路脇などに自生しているタンポポなどの野草を摘む行為はどうでしょう？　これらは誰かの支配下にあるわけでも、誰かが世話をしているわけでもないので、上記例と比べれば、問題にはなりにくいと思います。

　とはいえ、それが生えている土地自体は、実際は国や自治体などを含め、誰かの管理地であることがほとんどではないでしょうか。その場合は、上記のような犯罪に該当する可能性が出てきます。いずれにせよ、公共の場で、無断で花を摘むという行為は控えたほうがよいと思います。

　花は愛でるもの。触れたい、家に飾りたいと思えば、お花屋さんで買うか、自分の家で育てましょう。

59

ペットの散歩で
糞を掃除しない

やったこと
あり！
16%
！

設例 | 掃除道具を持たずに犬の散歩に。途中で犬が公園の草むらに糞をしたのですが、放置してきました。人が踏むような場所ではなく、大した迷惑にはならないと思います。

軽犯罪法や自治体条例に
罰則規定あり！

どの法律・条例が適用されるにせよ、
迷惑であることは間違いない

　ヨーロッパではときおり歩道に放置された犬の糞を見かけるのに対し、日本では道路に全く糞がなくて驚いたという外国の友人がいます。多くの方がきちんと処理するからでしょうが、このケースのように、少しくらいはいいだろうと思う方もいるのでしょう。

　犬の糞は、廃棄物処理法の「廃棄物」にあたります（2条）。そしてこれをみだりに捨てた者に対しては、5年以下の懲役または1000万円以下の罰金またはこの両方が科せられます（同法16条、25条14号）。もっとも、犬が自然現象で行う排泄による糞の放置を「みだりに捨てた」とまで言えるかという問題がありますし、犬の糞でこの罰則も重い気がしますよね。

廃棄物処理法は重すぎるとしても 軽犯罪法にも、1条27号に「公共の利益に反してみだりにごみ、鳥獣の死体その他の汚物又は廃物を棄てた者」は拘留または科料に処するとの規定があります。

　犬や猫を飼う方が増えるにつれ、飼い方のマナーの認識の違いからトラブルも起きています。そこで環境省は「家庭動物等の飼養及び保管に関する基準」を示し、放し飼いは原則禁止、人に危害を加えないようにしつけをする、などと合わせて、頻繁な鳴き声などの騒音または糞尿の放置などにより周辺地域の住民の日常生活に著しい支障を及ぼすことのないように努めること、と規定しています。

　いわゆる「犬の糞条例」を設け、公共の場所などで、犬の糞を放置してはならないと定め、違反者には罰金を科す自治体もあります。 例えば渋谷区では違反者には2万円以下の罰金が科せられます。お住まいの自治体のホームページをチェックして、ルールに則ってペットの飼育をしていきましょう。

60
拾ったバッグや財布 などを警察に届けない

設例 道端で拾った、財布や手帳の入ったバッグ。警察に届けよう と思いつつ、忙しくて気が付いたら1カ月。いまさらなの で、もう届けないことにしました。

窃盗罪もしくは、遺失物等横領罪に 該当の可能性あり！

「つい届け損ねた」が
「盗んだ」と認定されるかも！

　路上に落ちている財布入りのバッグを見つけたあなた。交番に届けると、自分の連絡先などを聞かれ書類作成に時間がかかりそうだから、余裕のあるときに交番に持っていこう。——そんなふうに考えて、その場はバッグを持ち去ったとしたらどうなるでしょう。

　たとえ、**拾った当初は交番などに届けるつもりだった、盗む気はなかったと言ったところで、自分の支配下においてからかなりの時間が経っていれば、盗んだと認定される可能性は十分あります。**そうなると、窃盗罪（刑法 235 条）もしくは、遺失物等横領罪（同法 254 条）に該当します。窃盗罪の量刑は「10 年以下の懲役または 50 万円以下の罰金」、遺失物等横領罪の量刑は「1 年以下の懲役または 10 万円以下の罰金もしくは科料」です。

　この違いは、**あなたが持ち去った物に対して、元の所有者の支配が及んでいたか否か**です。過去には、公園にポシェットを忘れた持ち主が 2 分ほど、約 200 m 歩いたところで気付いて引き返した場合に、依然持ち主の支配がポシェットに及んでいたとして、それを自分のものとして持ち去った者に対し窃盗罪が成立したケースがあります。一方スーパーの 6 階のベンチに財布を忘れたことを約 10 分後に地下 1 階で気付いた場合には、元の所有者の支配が既にその財布には及んでいなかったとして、その財布を持ち去る行為が、遺失物等横領罪と認定された裁判例もあります。

**誰も見ていない
からバレない？** 　拾ったその場に誰もいなかったとしても、いまは至る所に防犯カメラがあり、あなたの行為の一部始終が録画されているかもしれません。変な気は起こさず、拾ったものはなるべく早く警察などに届けましょうね。

61

盗まれた自転車を
見つけたので乗って帰った

設例 近所のアパートの駐輪場で、先日盗まれた自分の自転車を発見！ 鍵もかかっていなかったので、そのまま乗って帰ってきました。見つかって本当によかったです。

窃盗罪や強盗罪に問われる
可能性あり！

「自分のものだからいいだろう」
ではないので要注意

　自分の自転車なのだから、盗難者から奪い返して何が悪いのだ！そう思われるかもしれませんね。しかし、これは違法行為なのです。

　刑法242条は、「自分の財物であっても、他人が占有する物であるときは、窃盗や強盗の罪については、他人の財物とみなす」と規定しています。**元々は自分の物だったとしても、いま現在、他人が占有、つまり使っていたり持っていたりしている物は、その他人の物とみなすため、それを勝手に自分の支配下に置く行為は、窃盗罪や強盗罪に問われる**、ということです。

　日本では、自救行為（自己の権利を回復し保全するために、公権力によらず、権利者みずからが行う実力行動）が原則禁止されています。これを認めてしまうと、盗まれた物を暴力的に取り返したり、極端にいえば、「仇討ち」なども許されてしまうことになりますよね。日本は「法治国家」なので、法律に基づいて自分の権利の回復も行いましょうというのが原則なのです。

発見した 場所によっては

　また今回のケースでは、自転車のあった駐輪場は、そのアパートの住人だけが利用する場所ですから、勝手に入れば住居侵入罪（刑法130条）に問われる可能性もあります。現在の利用者が、あなたの自転車を盗んだ本人かどうかもわかりません。自分の自転車だとわかったら、携帯電話で写真を撮り、すぐに警察に報告し、しかるべく対処してもらいましょう。道端に乗り捨ててあった場合でも、警察に通報して現場にきてもらい、判断を仰ぐほうがいいでしょう。

　面倒くさいと思うかもしれませんが、被害者である自分が加害者になるようなことがあってはいけません。

62

民家の塀に
立ちションする

やったこと
あり！
25%
！

設例

尿意を我慢できず、仕方なく民家の塀に立ちション。運悪く
その家の人に見つかってしまいました。警察を呼ぶと言われ
て大変でしたが、警察沙汰なんて大げさですよね？

軽犯罪法違反で、1日以上30日未満
の拘留などの可能性あり！

男なら誰でも「やってしまいがち」？ された家の人の身にもなってみよう

　尿意をもよおしたからといって、立ちションは許されるのでしょうか。答えは NO です。

　街路または公園その他公衆の集合する場所で、たんつばを吐き、または大小便をし、もしくはこれをさせた者は、1 日以上 30 日未満の拘留、または 1000 円以上 1 万円未満の科料、もしくはその両方に処せられます（軽犯罪法 1 条 26 号、2 条、刑法 16 条、17 条）。民家があるということは、公衆の集合する場所といえますから、その塀に向かって立ちションをすることは違法な行為です。

　また塀ではなく、人目につきやすい道路側に向かって立ちションをした場合、公然わいせつ罪に問われる可能性もあります。この場合は、6 カ月以下の懲役もしくは 30 万円以下の罰金または拘留もしくは科料と、軽犯罪法に比べかなり重い罪となります。

　女性はどうしている？　もらせというのか！　と反論する方もいるかもしれませんが、考えてみてください。女性で立ちションをしている人って見かけないですよね。身体的な違いはありますが、尿意をもよおすという点は同じはず。それでも女性はトイレを見つけて排泄をしているということからすれば、男性ができないわけがありません。立ちションくらい大したことはないという考えは、「行けるときにトイレに行っておきなさい」と幼少期に親から言われた言葉を軽んじているということにもなるでしょう。

　マイホームの塀に立ちションをされたら、とても嫌な気分になりますよね。なんで自分が見ず知らずの人の立ちションの掃除をしなければならないのだと、怒りもわいてくるでしょう。自分がやられて嫌なことは、他人にもしてはいけませんね。

63

ホテルの備品を
持ち帰る

設例 ホテルのタオルがあまりに気持ちいいので、つい持ち帰ってしまいました。直後に、ホテルから問い合わせが……。しらを切り通したけれど、内心ビクビクです。

窃盗罪で10年以下の懲役や
50万円以下の罰金もありうる!

シャンプーや歯ブラシは持ち帰ってよくても、タオルはアウト

バスタオルにハンドタオル、部屋に備え付けの雑誌。これらは、宿泊客がホテルや旅館から持ち帰ってしまう備品で上位にランクされているものです。シャンプーや歯ブラシは持ち帰ってもいいのだから、タオルもいいでしょと思っているあなた、ダメですよ。**タオルやバスローブ、枕、ヘアドライヤーなどを持ち帰ると、窃盗罪（刑法235条）に問われかねません。雑誌も同じです。法定刑は10年以下の懲役または50万円以下の罰金です。**

昭和31年とかなり昔ですが、最高裁で、旅館の丹前、浴衣、帯、下駄を着用したまま旅館から立ち去る所為は、窃盗罪にあたると判断された判例もあるんです（最高裁昭和31年1月19日）。

窃盗罪になるか否かの境界線 洗面所においてある小分けのアメニティや、個別包装されたスリッパ、インスタントパックのコーヒーなどを持ち帰ることが問題とならないのは、ホテル側のサービスとして提供されている消耗品だからです。**繰り返し使うようなタオル類、電化製品などは基本的にホテルや旅館の所有物ですから、持ち帰ってはいけません。**

ただ、ホテル予約サイトのHotels.comの2013年の調査によれば、世界28カ国の宿泊者約8600人のうち約35％が、こういった備品（シャンプー、歯ブラシなどのルームアメニティ以外）を持ち帰ったことがあるそうです。

消耗品で小分けされているものは持ち帰っても大丈夫と覚えておけば、迷うことはなくなるのではないでしょうか。売店で売っているかどうかも判断ポイントになると思います。それでもわからないときは、自己判断をせずに、直接フロントに聞いてみましょう。

64

1人が並んだ行列に
友人数人が合流

設例 アトラクションの長蛇の列に自分1人が並び、後から友人が合流。後ろの人に「割り込み禁止！」と言われて、「俺が並んでただろ！」と強く言ってしまいました。

軽犯罪法により拘留または
科料が科される可能性あり！

遊園地内のアトラクションは 軽犯罪法では「公共の乗物」

遊園地の人気のアトラクションに効率よく乗るため、綿密なタイムテーブルは欠かせません。そこで、1人が先に並んで、あとのメンバーは昼ご飯を食べてから合流、などと考えてしまいがちです。

しかし、こういった**割り込み行為は、軽犯罪法1条13号後段に該当し、拘留または科料が科される可能性があります。**

同条では、**①威勢を示して、②汽車、電車、乗合自動車、船舶その他の公共の乗物を待っている公衆の列に、③割り込みなどをした者は、軽犯罪法に違反する**とされています。

さて、遊園地内のアトラクションは、②の「公共の乗物」といえるでしょうか。軽犯罪法において、公共の乗物とは、不特定かつ多数の人が同時に自由に利用できる乗物のことで、特に交通機関には限定されません。よって、不特定多数人が利用する**遊園地のアトラクションも、「公共の乗物」といえる**でしょう。

①「威勢を示す」とは、例えば、「すごむ」とか「脅す」といった、何らかの害を被るような印象を相手に与える態度を示すことをいいます。**後ろに並んでいる人に「俺が並んでただろ！」などと語気強く言って、相手が怖くなって合流を許したとすれば、「威勢を示す」**とされる可能性があります。

| 1人並んでいればよい？ | 最後に、③「割り込み」です。1人が並んで、前後の人に「後から何人きます」と了承を得 |

たとしても、それは一部にすぎず、**列のずっと後ろなどには不同意の人がいると考えられるので、やはり「割り込み」になります。**

行列に並ぶのはストレスですが、周りもみんな同じです。割り込みをされていい気分になる人はいないですから、やめましょうね。

65

庭木が道路まで
はみ出ている

やったこと
あり！
28%
！

設例 庭木の枝が道路まではみ出し、近所の人から「通行するとき
に邪魔」とクレームを言われました。はみ出しているのはう
ちだけではなく、文句を言われるのは心外です。

事故が発生した際、
民法や道路法で責任を問われる！

枝がどこに伸びても、責任の所在は「根のある場所」で判断される

生垣や庭木などの緑は、日常に潤いや癒しを与えてくれるものですが、樹木が成長しすぎて枝が道路上にはみ出すと、カーブミラーや交通標識が見えなくなる、街路灯が枝で遮られ道路が暗くなる、折れ木や落葉などにより歩行者などが事故に巻き込まれるおそれがある、といった問題が生じます。

このような**私有地から道路上にはみ出した樹木などが原因で事故などが発生した場合には、所有者の方の責任を問われることがあります**（民法717条、道路法43条）。

実際、歩道部分に沿って植えられた生け垣の枝が張り出していたため、自転車に乗っていた7歳の女の子がそれを回避しようとして転倒し、後続の自動車にはねられ死亡した事故がありました。この事案の裁判では、道路に沿って植えられている生け垣の所有者は、「その竹木が交通の往来に危険を及ぼすおそれがあると認められる場合には、その危険を防止するため道路上に竹木がはみ出さないようにする等必要な措置を講じなければならない」として、工作物責任（民法717条）が認定されています。

柿の実と タケノコの違い なお、隣の庭の木の枝が自分の敷地まで伸びてきても、こちらで勝手に切ることはできませんし（同法233条1項）、枝の果実が自分の庭に落ちても、その果実はお隣の方の物なので（同法89条1項）、勝手に取ってはいけません。

一方、隣の家の木の根っこが自分の敷地にまで伸びてきた場合は、自分でそれを切り取ることができます（同法233条2項）ので、隣の竹林から自分の庭にタケノコが生えてきた場合は、収穫してOKです。いまどきは珍しいケースかもしれませんが。

66

一方通行を
ほんの少し逆走する

設例 取引先の駐車場が、細い一方通行の出口近くにあり、ちょっと逆走して入ることがよくあります。いけないこととは思いつつ、回り込むとかなり時間のロスになるので、つい。

道路交通法違反で、懲役刑または罰金の可能性あり！

一般道、高速道路以外にも
道路交通法が適用される所がある

　道路の逆走は、大きな事故につながる危険な行為です。**道路交通法は、道路の逆走を「通行区分違反」として、3カ月以下の懲役または5万円以下の罰金を課しています**（119条1項2号の2、17条4項）。ほんの数メートル、対向車がきていないときだけなど、色々理由をつけても例外は認められません。

| 駐車場の敷地内 だったら？ | 大型ショッピングセンターなどでは、駐車場内で一方通行が定められていますよね。駐車場は |

道路ではないから、ちょっとくらいの逆走は大丈夫だと思いますか？

　道路交通法が定める道路には、通常の道路の他に「一般交通の用に供するその他の場所」が含まれます（同法2条1項1号）。そして最高裁は「たとえ、私有地であつても、不特定の人や車が自由に通行できる状態になつている場所は、同法上の道路であると解すべき」としています（最高裁昭和44年7月11日）。

　つまり、ショッピングセンターの駐車場は、私有地であっても、不特定の人や車が自由に通行できる場所といえますから、道路交通法上の道路にあたり、そこでの逆走は、交通違反に問われる可能性は十分にあるんです。

　また「やったことあり」という人は少ないでしょうが、ニュースでは見かける高速道路の逆走。仮に事故を起こし人を死亡または負傷させれば、自動車運転死傷行為処罰法の危険運転致死傷罪にあたり、逆走によって人が死亡した場合は1年以上（20年以下）の懲役、人を負傷させた場合は15年以下の懲役と、とても重い罪が科せられます（同法2条1項6号）。高速道路は走行のスピードが速く、大事故につながる可能性が大きいですから、逆走は厳禁です！

67

ドライバーを
持ち歩く

やったこと
あり！
17%
！

設例 職務質問でカバンの中身を調べられました。家電の修理に使ったドライバーをたまたま入れていたのを問題視され、しつこく聞かれました。凶器でもないのに納得いきません。

「ピッキング防止法」で
現行犯逮捕のケースあり！

マイナスドライバーは「ピッキング防止法」の指定侵入工具

　職務質問を受けた男性が車中にマイナスドライバーを1本隠し持っていたとして、現行犯逮捕されたという報道がありました。罪名は、**特殊開錠用具の所持の禁止等に関する法律違反です**。あまり聞きなれない法律ですよね。**ピッキング被害に対処するため、開錠に使えそうな用具の所持などの規制や罰則を定めた法律で、2003年に施行されました**。「ピッキング防止法」とも呼ばれています。

車の運転席付近も　同法ではドライバーを指定侵入工具と定義した
アウト　上で、**業務その他正当な理由がない限り、指定侵入工具を隠して携帯してはならないとしています**（4条）。規制対象となるドライバーは、①先端部が平らで、その幅が0.5cm以上、②長さ（専用の柄を取り付けることができるものの場合は、柄を取り付けたときの長さ）が15cm以上、の双方に該当するものです（プラスドライバーは対象外）（同法施行令2条1項）。また、「携帯する」には、直ちに使用できる状態で自動車のサイドポケットに入れ、その自動車を運転するといった行為も含まれます。

　今回のケースでは、電化製品を直したときに使ったものをたまたまカバンに入れていたということですが、家で個人的に修理に使用したドライバーを、カバンに入れて持ち歩くことは考えにくく、状況次第では同罪に問われる可能性もあります。**違反者は、1年以下の懲役または50万円以下の罰金に処せられます**（同法16条）。

　また、軽犯罪法1条3号には「正当な理由がなくて合かぎ、のみ、ガラス切りその他他人の邸宅又は建物に侵入するのに使用されるような器具を隠して携帯していた者」は拘留または科料に処するとの規定もありますので、お気を付けください。

68

満員電車で女性のお尻に
触れた手を動かさない

やったこと
あり！
7%
！

設例 満員電車の中でカバンを持つ手が女性のお尻にぴったり……。意図したものではないし、そのままにしていたら、降りるときに女性にキッと睨まれました。

各自治体の迷惑防止条例違反で
懲役刑や罰金の可能性あり！

「動かせたのに動かさなかった」と認定されて アウトの可能性が高い！

　女性の身体を触ろうと思って意図的に手を女性のお尻の位置に持ってきていれば即アウトですが、確かに微妙な事案ですね。ただし、「カバンを持つ手が」ということですから、当たっているのは手の甲ですよね。最初は偶然だとしても、もし手のひらが女性のお尻にあたるようにカバンを持ち換えれば、痴漢の故意は認定されると思います。

　また満員電車で手を動かすことができなかったといっても、走行中の揺れがあったり、駅に止まるたびに乗降者がいますから、全く身動きが取れない状態が相当長く続くということは考えにくいです。よって、動かすことができたのに、あえて動かさなかったとして、**痴漢の未必の故意（積極的に意図するわけではないが、そういう事実が起こってもしょうがないと容認している状態）が認められる可能性は高い**のではないでしょうか。

　痴漢は迷惑防止条例違反で、各都道府県により罰則規定は異なりますが、**東京都では6カ月以下の懲役または50万円以下の罰金**が科せられます。また下着の中に手を入れるなど、**行為が悪質な場合は強制わいせつ罪（刑法176条）に問われる可能性もあります。**この場合の法定刑は6カ月以上10年以下の懲役です。

「故意ではない」証明は難しい

触る気はなかったとしても、自分の手が女性のお尻に触れていることを認識していたにもかかわらずそのままにしておいた場合、自分は触る気がなかったということをどのように証明したらよいでしょう？　難しいですよね。故意があったと認定される可能性も高いですから、そのような状況に自分を置かないことが一番です。「李下に冠を正さず」ですね。

COLUMN 4

「セクハラ」が減らない
理由を考えてみましょう

長年問題になってきた「セクハラ」

　パワハラが問題になるだいぶ前から、セクハラはいけないという認識は広く一般に浸透しているにもかかわらず、被害報告が一向に減りません。なぜセクハラの被害が減らないのでしょうか。

　セクハラは男女雇用機会均等法11条1項に規定されており、①対価型セクハラと②環境型セクハラに分類できます。まず①とは、職場において、労働者の意に反する性的な言動（デートの誘い、性的関係の要求など）が行われ、それを拒否したことで解雇、減給などの不利益を受けることをいいます。②は、職場において労働者の意に反する性的な言動により労働者の就業環境が不快なものとなり、それによってその労働者の能力発揮に重大な影響が生じるこ

とをいいます。PC画面にヌードの女性の写真を張り付けるなどが当たります。令和2年6月には、同法が改正となり、セクハラに対する国、事業主、労働者の責任が明記されました。事業主にセクハラの相談をした労働者に対する不利益取り扱いの禁止も義務化されました。

何をセクハラと感じるかは人によって様々

私はセミナーなどでは、皆さんが職場で一緒に仕事をする目的は何かというお話をさせて頂きます。良い商品やサービスを消費者に届けるなど、様々なミッションを持って、皆さん仕事に従事しているはずです。上司を喜ばせるために部下がいるのではありません。そう考えれば、仕事を円滑に行うために、必要な言動、不要な言動は自ずと明らかになります。

セクハラの難しい点は、何をセクハラと感じるか、人によって様々だということです。**相手が嫌だと思えばセクハラになると聞いたことはありませんか? さすがにあまりに不合理な訴えは認められませんが、あながち間違いでもありません。**とはいえ、この人はどこまでOKで、この人は……と常に考えながら会話するなんて、できませんよ

ね。こういう話をすると、何をどうしていいか、わからないという方がいらっしゃるのですが、そんなときは原則に立ち戻ってください。**何のために自分たちは一緒にいるのかと。仕事の意義、職場に集うことの意味に立ち戻れば、自分の言動の良しあしの判断も難しくはないと思います。**

「仕事ができる人」ほど要注意

　セクハラに限らず**ハラスメントの加害者は、私が見ている限り、仕事ができる人が多いです。**会社が、あいつは仕事ができるから、とその人の問題行動を大目に見るあまり、問題行動が助長されてしまったケースもありました。そうなると、会社はその人を懲戒せざるを得ません。

　自分は結果を残しているし、文句を言われる筋合いはない、そんなことを思っていませんか？　昨今、企業には、ハラスメントに対して毅然とした態度を取ることが求められており、内輪のなあなあで処理することは難しくなりました。これまで頑張って築き上げてきたものが、セクハラで一瞬にして台無しになることも十分考えられます。

　昔は良かったといっている方は、**あなたが良かったと思っている裏で、傷ついた被害者がたくさんいたかもしれない**と考えてみてください。時代は変わっています。世の中の動きに対処できなければ、自分自身がハラスメントの加害者として責任を問われるリスクが高まるだけですよ。

第 5 章

お金の
アウト!

予約の
すっぽかし

ソフトの
コピー

お金を賭けた
遊び

etc.

69

お釣りを多くもらって申告しない

設例　近所のスーパーで買い物をして5千円札を出したら、それ以上のお釣りが。1万円札と間違えたのだと思います。「ラッキー！」と気付かないふりで帰ってきました。

詐欺罪や占有離脱物横領罪に問われる可能性あり！

法的には「告知義務」を果たさなかった 「不作為による詐欺」と呼ばれる

　いけないことだと思いつつも、「店員が気付いていないから」と そのまま財布に入れてしまうことは、あるかもしれませんね。相手 のミスだし、自分が積極的に相手からお金を盗んだわけではないか ら問題ないと思っていませんか？　**お釣りを多くもらいすぎたこと を認識しながら、自分のものにしてしまうと、詐欺罪や占有離脱物 横領罪に問われる可能性があります。**

　詐欺罪（刑法246条）というと、いわゆる「オレオレ詐欺」の ように、相手をだまして、お金を出させるようなケースを想定され ると思います。しかし、**本来やるべき行為をあえて行わなかった場 合（不作為）でも、詐欺罪は成立する**のです。

　買い物をして釣銭を渡されるときに、釣銭が多いと気付いた場 合、それを相手に告げる義務があると考えられています。これを告 知義務といいます。このケースでは、店員が間違えて多くお釣りを 渡そうとしていることを知りながら、あなたがこの告知義務を果た さなかった結果、店員がだまされて、多くのお釣りをあなたに渡し てしまったことになります。これは、本来告げるべきことを告げな い、不作為による詐欺となる可能性があります（10年以下の懲役）。

| 後で気付いた 場合は？ | それでは、釣銭を渡されるときは気付かず、受 け取った後に釣銭が多いことに気付いた場合は |

どうでしょうか。この場合は、釣銭が多いことを受け取る時点で認 識していないので、詐欺罪は成立しません。ただしこの場合も、気 付いた時点で占有離脱物横領罪（同法254条）は成立し、1年以下 の懲役または10万円以下の罰金もしくは科料の対象になり得ます。

　相手のミスだとしても黙っていてはいけませんよ。

70 ネットフリマで商品写真・情報を偽装する

○○フリマ

新品同様

着古した実物

やったこと
あり！
4%
！

設例

古着をネットフリマに出品したとき、実際はかなり着古してくたびれた感じでしたが、購入時の写真を載せて「新品同様！」とPR。おかげで高値で売れました。

詐欺罪で10年以下の懲役の可能性あり！

「これでも新品同様だ！」が
通用するでしょうか？

不要になった物を、インターネット上で手軽に売買するフリマアプリ。商品説明の載せ方1つで値段が変わる！　ということもあるようです。しかし、その商品説明、本当に大丈夫ですか？

今回のように、実際はかなり着古してくたびれているのに、購入時の写真を使い「新品同様」として出品し、売買契約が成立した場合、出品者の行為は詐欺罪（刑法246条1項）に該当する可能性があります。**詐欺罪は、人を欺く行為によって、勘違いをした相手方から財産の交付を受けることによって成立する犯罪で、法定刑は、10年以下の懲役**とされています。

新品「同様」といっても、どの程度新品に近いと感じるかは人それぞれですから、この点の解釈が、詐欺罪が成立するかにおいて問題になると思います。しかしこのケースでは、出品者が商品説明に、**現在のものではない、すなわち虚偽の写真を載せています。それが購入者にとって商品を買う決め手となっていれば、この出品方法が「人を欺く行為」と認められる可能性があります。**

刑罰以外にも　また**民事上でも、購入者が、詐欺を理由に売買契約を取り消したり、契約した物とは異なる物を交付されたとして損害賠償を求めたりする可能性もあります。**

ただ、こういったトラブルの多くは、フリマアプリ運営者によって解決されているようです。詐欺まがいの出品をすると、次回からアプリの利用を制限するという措置を取る運営者もあるようです。

フリマアプリは物の再利用という点でも、とても優れたサービスです。自分の行いでそのサービスの信頼を損なうことのないようにしましょうね。

71

資源ごみに出ていた
雑誌を持ち帰る

設例 古紙として資源ごみの回収日に出ていた雑誌の束。持ち帰ってみたらまだ新しい号で、よれよれのページなどもなし。ネット古書店に売ってもいいですか？

窃盗罪は免れても、自治体条例で罰金の可能性あり！

ごみ集積所に出された古紙は 「誰のものでもない」と言える？

　週1回の古紙回収日に、まだ売れそうな雑誌や書籍などが出されていると、持ち帰っても誰にも迷惑をかけないように思えます。

　住民がごみ集積所などに出した古紙は、行政によって回収されるものです。すでに市区町村に所有権が移転しており、これを持ち去る行為は、理論的には窃盗罪（刑法235条）に該当するとも考えられます。ただし、実際にその罪に問われた例は稀なようです。

自治体条例違反では罰金の事例も　それなら持ち帰ってネット古書店に売ろう！と思ったあなた、少々お待ちください。**自治体の中には、独自に条例を定め、持ち去り行為に罰金を科すところも**あります。例えば東京都世田谷区は、資源・ごみ集積所に出された「古紙」「ガラス瓶」「缶」「ペットボトル」などについて、区長および区長が定めた者以外による持ち去りを禁止しています。同区では、職員などがパトロールを行い、持ち去りを発見したら**①警告書を出す、②持ち去り行為を繰り返す者に対しては禁止命令書を交付する、③それでもなお持ち去り行為を行う場合には、条例に基づき20万円以下の罰金刑を科す**、と段階的な対策が取られています。

　実際、同条例に基づき、古紙を持ち去った者に世田谷区が罰金刑を科したところ、この処分は最終的に最高裁で確定しています。

　今回は、繰り返し持ち去り行為を行い、すでに警告書や禁止命令書が出されていたわけではありません。世田谷区内で発生したと仮定しても、直ちに刑事罰が科されるわけではありませんが、自治体が条例で禁止する種の行為なのですから、控えましょう。

　集積所に出されているごみは、そのへんに落ちているものとは異なり、行政が回収するために置かれているという認識が必要ですね。

72

会社で使用している ソフトウェアを自宅の パソコンにコピーする

設例 会社で使っているソフトウェア。自宅でリモートワークするためにお金を出して買う気もしなくて、会社のパソコンから自宅のパソコンにコピーして使ってしまいました。

著作権法違反で高額な損害賠償の 責任が生じる可能性も！

パソコンが自宅の私物でも、
「私的使用なので複製可」とはならない

　コロナウィルス禍で、急速にリモートワークが定着し、会社の仕事を自宅で行うことが多くなりました。自宅で仕事をするにあたり、会社で使用するソフトなどを、個人のパソコンでも使えるようにする必要性を感じた方も多いのではないでしょうか。しかし、会社で使用しているソフトウェアなどを、自身のパソコンに勝手にコピーすることは、著作権法違反となりますのでご注意を！

　ソフトウェアは、それ全体が「プログラムの著作物」と考えられています（著作権法10条1項9号）。したがって、著作者以外がこれを「複製」（同法21条）することはできません。**ソフトウェアを1つだけ正規購入して、複数のコンピュータにインストールすれば、原則的に著作権侵害**。これは皆さんご存知だと思います。

　ただし、これには例外があり、著作者がライセンス（つまり許諾）を与えれば、その許諾の範囲内で、著作者以外でもソフトウェアをパソコンのハードディスクにコピー（インストール）などをすることができます。また、プログラムをCD-Rにコピーしたり、サーバーに保存する方法などでバックアップをとること（同法47条の3）や、私的使用（個人的にまたは家庭内などで使用）のための複製（同法30条）も許されています。

許諾範囲内でも
私的使用でもない ┃ しかし、**業務上のコピーは私的使用目的にはあたらないと一般的に考えられているため、会社で使用するソフトウェアなどの著作物を自身のパソコンにコピーすることは、複製権侵害**となります。

　著作権を侵害すると、高額の損害を賠償する責任が生じる可能性がありますので、ご注意ください。

73

会社の経費で私物を買う

全部まとめて領収書
ください！

×

私物

FASHION

カフェオレ

OCHA NOHA

OCHAU

やったこと
あり！
17%
！

設例

商談相手へ出すお茶やお菓子の買い出しのついでに、毎回、自分の飲み物や雑誌も買って、まとめて領収証をもらっています。バレたらどれくらいの罪になるのでしょう？

詐欺罪または業務上横領罪で10年以下の懲役の対象！

内部監査や、人事異動時の引継ぎで
不正が発覚する例多数

　買い出しのついでにちょっとだけ自分のものを買ってもバレないし、バレても大きな問題にならないだろうという考えは短絡的です。あなたの行為はれっきとした犯罪です。

　商談相手へ出すお茶やお菓子の買い出しの際に個人的な飲み物や雑誌も購入し、まとめて会社に支払をさせれば、会社に対する詐欺罪（刑法246条）または業務上横領罪（同法253条）が成立します。どちらに該当するかは事例によります。

　例えば、これらの買い物に、「小口現金」（日々の経費の精算用として手元で保管している現金）を使用した場合には、業務上横領罪に問われかねません。他方で、買い出し時にいったん自分で立て替えた上で、個人的な飲み物などの購入費用も含まれている領収書を会社に提出し、精算を受けた場合、詐欺罪に該当する可能性があります。いずれの場合も、10年以下の懲役の対象です。

少額でも「不正」への処分は重い

　また、経費の不正支出は、懲戒解雇を含む重い処分の対象になることが少なくないばかりか、退職金の全部または一部が不支給となることもあり得ます。会社から別途損害賠償請求を受けることもあるでしょう。

　自分の飲み物や雑誌を買うくらいであれば、少額なので会社もわからないだろうと思うかもしれません。しかし、内部監査や、人事異動に伴う引継ぎ時に不正が発覚する例は枚挙にいとまがありません。また、毎回の不正は少額であったとしても、不正が長期間続けば、その合計は多額になることもあり得ます。

　不正な経費支出をすれば、厳しい責任を問われることになります。公私混同は厳に慎みましょう。

74

セルフコーヒーのサイズを間違えてそのまま持ち去る

設例

コンビニのセルフコーヒーで、Sサイズを買ったのに間違えてMサイズのボタンを押してしまいました。ギリギリ入ったので、カップを手にして黙って店を出ました。

窃盗罪で現行犯逮捕のケースあり！

間違いに気付いた時点で申し出ないと、
何らかの罪になる！

コンビニに設置されているコーヒーマシンで、Sサイズ分の料金しか払っていないのに、Mサイズ分のコーヒーを持ち帰ったら、なんかまずいと思いませんか？　そうです。これも犯罪です。

ボタンを間違えることはあるでしょうから、その時点で店員さんに伝えて、追加料金を支払えば、問題はありません。

しかし、**コーヒーマシンの前で間違えたと気付いたにもかかわらず、そのまま持ち去る行為は、窃盗罪に該当**します（刑法235条）。また、仮にその場では気付いていなくても、**店の外に出た後に「なんかいつもより多いな」とMサイズ分のコーヒーを入れてしまったことに気付いたのに、そのまま立ち去れば、気付いた時点で占有離脱物横領罪に該当します**（同法254条）。

こんな場合は
詐欺罪

また最初から、SサイズのカップにMサイズのコーヒー量が入ると認識し、Mサイズ分のコーヒーを得る目的で、あえてSサイズのコーヒーのカップを注文した場合は、詐欺罪（同法246条）に該当します。

実際、コンビニのセルフ式コーヒーマシンで、100円のコーヒーのカップを購入したにもかかわらず、150円のカフェラテを注いだとして、60代の男性が窃盗の疑いで現行犯逮捕されたケースや、支払った金額よりも大きいサイズの分量のコーヒーをカップに注いだとして警察に通報されたケースもあります。

いずれも複数回同様の行為を行っていたということですが、1回だけであろうが、犯罪は犯罪ですから、許されるとは思わないほうがいいです。50円くらいいいだろうではなく、50円だからこそ、きちんと支払って、美味しく飲みましょう。

75
子どもが他人の洋服を汚してしまう

やったこと
あり！
15%
！

設例　外出時、1歳半の娘が近くの女性の服にアイスクリームをつけてしまい、クリーニング代を請求されました。何もわからない子どもがしたことなのに、大人げないと思います。

親権者に損害を賠償する責任あり！

幼児本人ではなく、親が
クリーニング代を支払う。当たり前ですが……

　子どもは子どもらしくのびのびと、と思いますが、公共の場では、注意を怠ってしまうと、思わぬトラブルに発展しかねませんよ。

　交通事故で他人にケガを負わせた場合、加害者は、被害者の治療費などを賠償しなければなりません。1歳半の幼児が、食べかけのアイスクリームで女性の洋服を汚した場合、同じように、この幼児に損害を賠償する責任は生じるでしょうか。

　民法では、未成年者が他人に損害を加えた場合、自分の行為の責任を理解する能力（これを責任能力といいます）がないのであれば、その行為について賠償の責任を負わないと定められています（712条）。11歳から14歳前後がこの責任能力の境界線と考えられていて、1歳半の幼児には責任能力は認められません。

親には
賠償責任あり　しかしそれは、親が何の責任も問われないという意味ではありません。**親権者である両親は、子どもの監督義務を負う者として、クリーニング代などを賠償する責任があります**（同法714条）。過去の裁判例では、6歳の子がマンションの通路付近に排泄物を放置した行為について、両親に清掃費用として約10万円の損害賠償責任が認められた事例や、9歳の児童同士のケンカについて、加害児童の親に、治療費や慰謝料として、約120万円の損害賠償責任が認められた事例があります。

　なお、もし子どもが汚してしまったのが店の売り物の洋服だった場合には、洗って汚れが落ちても新品としては販売できませんので、定価に近い金額の賠償責任が認められる可能性もあります。

　子どもは予期せぬ動きをしますから、公共の場ではしっかり見守っている必要がありますね。

76 飲食店の予約を すっぽかす

別のお客さん断った分の損害補償して下さい！

RESERVED

やったこと
あり！
12%！

設例
飲み会の予約をキャンセルし忘れ、当日店から連絡。別の客を断った損害補償を請求されました。料理自体は予約しておらず、損害は大きくないはずで釈然としません。

別の客を断った損害を 賠償する責任が生じる！

席だけの予約だったとしても
「すっぽかし」はお店には大きな損失

　飲み会の幹事になると、グルメサイト上の飲食店を片っ端から電話して複数の店を予約した後、さらに主役の好みに合った店を引き続き探すことがありますね。しかし、いくつかの飲食店を予約したのであれば、キャンセルすることをお忘れなく。

　飲食店に予約をしていたのにすっぽかした場合、飲食店には、原材料費や食材廃棄費、人件費だけでなく、他のお客様を入店させていれば得られた利益分の損害などが発生する可能性があり、民事上、これらの損害を賠償する責任が生じます。今回のケースのように**席を予約していただけでも、お店が材料の準備やスタッフの手配をし、他のお客様がその席に着くのを断る必要がある点では同じなので、賠償責任が生じます。**

　一般的に、損害賠償額の1つの目安として、コースの予約をキャンセルした場合はコース料金の全額、席だけの予約の場合は平均客単価の何割かと考えられています。

逮捕事例もあり　過去には、20名近くの宴会の予約を同日に4店舗にしていたケースで、偽計業務妨害罪（刑法233条）で逮捕されたという報道がありました。このケースでは、予約の際に偽名を使用していたなどの事情もあったため、最初から利用する意思がないのに、偽って飲食店に料理を準備させ、業務を妨害したと判断されたようです。

　無断キャンセルが飲食業界に与える損害は、年間で2000億円ともいわれていて、社会問題といえます。最近では損害を軽減するべく、予約の再確認をしたり、キャンセル料を明記したりする飲食店も増えました。キャンセルの電話は早めに行いましょう。

77

クーポン券を
カラーコピーして使う

設例

近所の定食屋でもらったクーポン券。色もデザインも単純だから、カラーコピーして使ってしまいました。店主もご高齢なので、バレる気配はありません。

有価証券偽造罪はじめ複数の
犯罪が成立する可能性あり！

価値は小さくても「有価証券」 カラーコピーするだけでも違法

　飲食店、スーパー、カラオケ。街の至る所で、「次回来店時に提示すれば〇円引き」などのクーポン券を受け取る機会があります。肝心なときに限って見当たらないこのクーポン券。だからといって、カラーコピーをして財布などあちこちに入れておいてはいけません。

　本件のように、**クーポン券をカラーコピーして利用し、値引きをしてもらった場合には、有価証券偽造罪（刑法162条1項）および偽造有価証券行使罪（同法163条1項）、並びに詐欺罪（同法246条）が成立する可能性**があります。なお、行使の目的をもってカラーコピーしただけでも、有価証券偽造罪は成立します。

| 「握手券」も　　有価証券 | 有価証券偽造罪は、①行使の目的で、②有価証券を、③偽造した場合に成立します。有価証券 |

とは、財産上の権利が表示され、表示された権利の行使に証券の占有が必要なものを指し、会社の株券や手形、小切手などがその代表例です。定食屋のクーポン券も、財産上の権利（例えば「100円」）が表示され、持参すればその権利を行使できるので、有価証券の一種というわけです。過去には、アイドルと握手ができる権利を表示した「握手券」も、有価証券であり、これを偽造した行為に有価証券偽造罪が成立するとした裁判例があります。

　本件では、上記の通り複数の犯罪が成立する可能性があり、有価証券偽造罪は懲役3カ月以上10年以下、偽造有価証券行使罪も懲役3カ月以上10年以下、詐欺罪は懲役10年以下の刑にあたります。なお、これら全てが成立する場合は、懲役刑が全て加算されて懲役30年以下となるわけではなく、刑法54条1項に基づき、3カ月以上10年以下の懲役となります。

78

お金を賭ける

設例 久しぶりに友人たちと釣りへ。ただ釣るだけでなく、千円ずつ出し合って、一番多く釣った人が総取りすることに。なかなか熱い勝負になりましたよ。

総取りした人だけでなく、参加者全員に賭博罪が成立!?

金銭そのものを賭ければ、 どんなに少額でも法律違反

　検察庁幹部と新聞記者の賭け麻雀が問題となったことは記憶に新しいと思いますが、結局、賭け麻雀は犯罪なのでしょうか。

　刑法は賭博を禁止しています（185条）。「**賭博**」とは、一般的に、「**偶然で決まる勝負事について、物やお金などを賭けて、それらを得ることを争うこと**」と考えられていて、過去の判例では、物や金を賭けて「麻雀」や「将棋」を行うことも賭博にあたるとされました。麻雀や将棋の勝敗は、技術の優劣や経験の深さにも関係していますが、最終的には偶然で決まるという考え方なんですね。

　しかし、**全てのケースで賭博罪が成立するということではなく、「一時の娯楽に供する物を賭けたにとどまる」と認められるのであれば、賭博罪は成立しません**（同条但書）。では、どんな場合が「一時の娯楽」といえるのでしょう。

「一時の娯楽」とは？　裁判例では、敗者が全員分の飲食代金を支払うとする場合には、食事の対価を賭けているにすぎないので、高額にならない限り「一時の娯楽」、つまり賭博罪は不成立とされています。これに対し、金銭そのものを賭けた場合には、どんなに少額であっても、「一時の娯楽」にはあたりません。

　よって、今回のように釣りに行って一番多く釣った人が賭けた金銭を総取りするというゲームは、金銭そのものを賭けているので「一時の娯楽」とはいえず、総取りした人だけでなく、参加者全員に賭博罪が成立することになります。賭博罪の法定刑は、50万円以下の罰金または科料です。

　金銭そのものを賭けることは、金額の大小にかかわらず法律違反となるということは、しっかり覚えておきましょう。

第 6 章

家族の
アウト!

夫宛の手紙を
妻が開封

要介護の
親の放置

親名義の
カードで買い物

etc.

79

家族宛の手紙の
封を勝手に開ける

やったこと
あり！
28%
！

女性名で夫に届いた手紙。最近帰りが遅いし、確認のために開封してしまいました。実は単なる同窓会のお知らせで、夫は大激怒。家族なんだし、それくらいいいですよね？

信書開封罪で1年以下の懲役または20万円以下の罰金の可能性あり！

正当な理由がない限り、夫宛の封書を
妻が開封するのはアウト！

　夫宛に届く郵便物を整理していると、光熱費や税金に関する書類に混じって、知らない差出人の名前が。夫婦なんだから夫の同意なく開封しても許される、そう思っていませんか？

　刑法では、①正当な理由がないのに、②封をしてある信書を開けると、信書開封罪となり、1年以下の懲役または20万円以下の罰金に処されます（133条）。

　「信書」とは、特定の人に対する自己の意思を記載した文書をいいます。同窓会に関する手紙といえども、夫宛で封がされていれば、それを勝手に妻が開封すると、信書開封罪の対象になります。メールは信書には含まれませんが、クラウド方式のメールを無断で見た場合には、不正アクセス禁止法などに該当する可能性があります。

「正当な理由」とは

　信書の開封が認められる①の「正当な理由」とは、受信者（夫）が開封を承諾している（と推定される）場合などです。夫宛の郵便のうち、光熱費や税金に関する書類は、夫婦の家計に関するものとして、妻が開封することを夫が承諾していると推定されやすいでしょう。しかし、知人から自分宛の郵便物まで夫が開封を承諾しているとは通常考えられません。

　もちろん個々の夫婦によって事情は異なりますが、文書のやりとりは基本的に人に見せたくないもの。これを見せない利益はプライバシー権として保護される可能性もありますから、**夫宛の手紙を勝手に妻が開封する行為は、プライバシー権侵害となる可能性もあります**。なお信書開封罪は、手紙の受信者だけでなく発信者も告訴することができ、発信者のプライバシーにも配慮がなされています。

　親しき間柄でも、プライバシーは尊重されるべきですね。

80
家族のプライバシーを
SNSで勝手に公開

設例

高1の娘が初めて彼氏を家に連れてきた話をSNSに書いたら、激怒されました。以前、成績が悪かった話を書いたのも嫌だったと。親の楽しみとして投稿してはダメですか。

プライバシー権侵害が
認められる可能性あり！

無断で情報を公開されない権利は
家族間でも認められる

　今やSNSは生活の一部。撮影した写真やインターネット上の記事を簡単に大勢の人と共有できますが、その気軽さゆえに、簡単に他人の権利を侵害する危険性も秘めています。

　高1の娘さんが、初めて彼氏を家に連れてきた話や、成績が悪かった話を勝手にSNSに掲載すると、プライバシー権侵害となるかもしれません。プライバシー権は、いまだ公開されていない私生活上の事実で、通常、公開してほしくないと考えるであろう事実が公表された場合に侵害されたと考えられます。本件のエピソードが、公開してほしくない事柄とまでいえるかについては様々な意見があるでしょうが、**本人が嫌がっている以上、プライバシー権侵害が認められる可能性があります。**

肖像権や著作権の問題も　また、もし娘の写真をこの投稿に添付した場合は、肖像権侵害も問題となります。肖像権とは、みだりに自己の容貌（ようぼう）などを撮影され、これを公表されない権利を指し、拡散性が高い場所で公開された写真で個人が特定でき、本人が公開について許可をしていない場合に、侵害があったと判断されます。あるいは、娘の作文が面白いなどとして、勝手にそれをSNSにアップすれば、娘の著作権（複製権および公衆送信権）の侵害が認められる可能性もあります。

　家族間ではないですが、過去には他人が撮影した人物の写真をSNSにアップロードしただけで、上記各権利が侵害されたと認められ、損害賠償請求が約50万円認められたという裁判例もあります。

　無断で情報を公開されたくないという権利は、家族間であっても認められますので、事前に娘さんの了解は取っておきましょうね。

81
家族名義のクレジット カードで買い物する

設例　社会人1年目でまだ給料が安い私。貯金もしたいので、父のカードをしばしば使わせてもらっています。家族だし、父も許可しているのだから、問題ないですよね？

詐欺罪に問われる可能性あり！

家族でも、許可があっても
本人ではない以上、アウト！

　父親が許可しているのだから、父親名義のクレジットカードを使うことは何も問題ないと考えがちですが、他人名義のカードを利用すると、詐欺罪が成立するかもしれませんよ。

　過去には、名義人になりすましてクレジットカードでガソリンを購入した行為について、**名義人からの許可を得ていても詐欺罪（刑法246条）が成立するとした判例があります。この事案は家族間の貸借りではありませんでしたが、家族であっても、会員本人ではない以上、同様に詐欺罪に問われる**おそれがあります。

「たとえ家族といえども」と明記

　クレジットカード払いは、カード会社が、カード発行時に会員の支払能力や支払意思などの審査をした上で、代金を店舗に対して立替払いするものです。ところが、会員以外の第三者は、会員本人の支払能力や意思を超えてカードを利用する恐れがあり、これは家族であっても同様です。そこで、クレジットカード規約は、「会員は、カードを他人に貸与等してはならない」と規定し、一般社団法人クレジット協会のホームページにも、「たとえ家族といえども、（カードを）他人に貸したり、他人から借りたりすることはできません。」と明記されています。

　このように、会員以外の者がクレジットカードを利用することは禁止されていますから、クレジットカードの名義人になりすましてカードを使用すれば、詐欺罪に問われる可能性があります。

　また、カード規約に反して他人にカードを貸した会員（この場合は父親）が、規約上、会員資格を取消されることもあります。

　カードを利用したいのであれば、父親に別途「家族カード」を作ってもらって、利用するようにしましょう。

82
子どもが悪いことを
したら、1回頭を叩く

設例
子どもがひどいいたずらをしたときなど、頭を叩くことがあります。理由なく叩いたことはないし、親子の仲も良好。これはしつけだと思っています。

児童虐待に係る暴行罪・傷害罪成立の可能性が高い！

しつけに際して「体罰を加えてはならない」と法律でも明確化

　子どものしつけに体罰が必要か否かについては、育ってきた環境や世代によっても、意見は様々です。

　法律上も従来は、児童のしつけに関し、親権者は、子の利益のために行う監護や教育の範囲を超えて、児童を懲戒（身体または精神に苦痛を与える制裁）してはならないとされていました。逆にいえば、一定の範囲においては、子に体罰を加えてもよいと解釈される部分がありました。しかし、**令和2年4月1日に施行された改正児童虐待防止法では、親は、児童のしつけに際して「体罰を加えてはならない」と明確に規定されました**（14条1項）。

体罰はしつけではなく、暴行・傷害　同法14条2項は、親権者だからといって、児童虐待に係る暴行罪、傷害罪その他の犯罪について、責任を免れることはないと定めています。今回の改正で体罰が明確に禁止された以上、しつけと称して子どもに体罰を加えた親権者が、これらの犯罪に問われる可能性は高まったといえます。

　厚生労働省も、**体罰禁止指針案（令和元年12月）において、体罰を「身体に苦痛、不快感を与える行為」と定義し、「注意しても聞かないので頬を叩く」「いたずらしたので長時間正座させる」「宿題をしないので夕ご飯を与えない」などは「体罰」にあたる**との見解を示しました。また、子どもに対する「生まれてこなければよかった」との発言は、たとえ冗談でも子どもの人権侵害にあたるとされました。

　子どもも1人の人格を持った人間です。自分の所有物ではありません。体罰ではなく、対話によって自律的な成長を促すことが必要ですね。

83

子どもから
預かったお年玉を
家計の足しにする

設例

何万円にもなる子どものお年玉。「半分は大人になってから渡す」と預かって、実は夫のスーツ代に流用しました。贈り先は子どもでも収入は家のもの。返すつもりはありません。

横領罪に該当。将来請求されれば支払の義務もあり！

内緒で使った。返すつもりがない。
それはまさに典型的横領！

「大人になるまで預かっておくわね」と言われたお年玉が、父親のスーツ代に消えていたことを知ったら、子どものショックは計り知れません。

今回のケースは横領罪（刑法252条）に該当します。横領罪とは、例えば、他人から依頼をされて保管している他人の物を、その人の了解なく勝手に売却してしまう行為などをいいます。法定刑は、5年以下の懲役です。

この事案の場合、**親は子どものお年玉を大人になるまで管理しておかなければならないにもかかわらず、子どもに内緒で使ったのですから、まさに横領の典型例**といえるでしょう。

なお、使った金額を後から確実に埋め合わせることができ（スーツを買ってしまったけれど、次の父親のボーナスでお年玉と同額を子どものために貯金できるなど）、かつ、埋め合わせる意思があるのであれば横領罪は成立しないという見解もありますが、今回は、親が子どもにお年玉と同額を返すつもりがない、つまり、そもそも埋め合わせをする意思もないので、横領罪に該当する行為といえます。

| 刑罰は
免除されるが | ただし、**横領罪に該当する行為が親子間で行われた場合、犯罪自体は成立しますが、刑罰は免** |

除されます（同法255条・252条、244条1項）。これは、「法は家庭に入らず」（家庭内の問題は法が関与せず親族間の自律的解決に委ねるべき）という政策的な考慮からです。

もっとも、**子どもの親に対する金銭返還請求権は認められます**ので、成人した子どもから請求されれば、親には支払い義務が生じますよ！

84

子どもにお酒を
少し飲ませる

行きつけの飲食店に家族で行くと、店主が面白がって小学生の子どもにお酒を飲ませます。ほんの少しですし、将来晩酌に付き合ってもらう練習と思って私も認めています。

未成年者飲酒禁止法違反で
科料（罰金）の可能性あり！

親は未成年の子の飲酒を制止すべし。
「一緒に晩酌」は将来の楽しみに

お酒の容器のラベルには、「20歳未満の者の飲酒は法律で禁止されています」という文章が記載されています。ここに書かれている法律とは、「未成年者飲酒禁止法」です。若年者の飲酒は、成長期にある脳の神経細胞への影響が大きいことや、アルコール依存症になるリスクも高いことから、1922年（大正11年）に施行されました。約1世紀にわたり、未成年者の飲酒は禁止されてきたのですね。

この法律では、**未成年者の親権者などが、未成年者の飲酒を知った場合に、これを制止する義務（同法1条2項）を定めています。制止しなかった親権者などに対しては、科料が科されます**（同法3条2項）。科料とは、罰金の一種であり、1000円以上1万円未満と定められています（刑法17条）。また、酒類を販売する営業者などが、未成年者に対し、飲酒することを知りながら酒類を販売または供与することも禁止（未成年者飲酒禁止法1条3項）しています。

父親に科料が科された事例 ｜ 昭和30年代にはこの法律違反の裁判例も多く、もっぱら飲食店の営業者が罰せられていますが、中には、17歳の子が自宅で酒約三合を飲酒しているのを認識しながら止めなかったとして、その父親に対し、科料が科されたという裁判例もあります。このケースの子どもの飲酒量は、裁判例で問題になったほどの量ではありませんが、親権者は未成年者の飲酒を制止すべしとされている以上、それを見逃す行為は法律違反となりますから、やめたほうがよいでしょう。

なお、民法上の成年年齢は、2022年4月1日に、20歳から18歳に引き下げられますが、飲酒可能年齢は引き下げられませんので、ご注意を！

85

介護中の親を
放置する

設例 寝たきりの親と2人暮らしで、長年自宅で介護しています。心身ともに疲れて、先日、放置して外出してしまいました。これは虐待になるのでしょうか。

高齢者虐待防止法の定義する「虐待」にあたる!

１人で抱え込んで「アウト！」に なる前に、適切な支援を求めよう

　日本の人口の約30％が65歳以上の高齢化時代。「高齢者虐待」というトピックをニュースで目にすることがあります。虐待というと、叩くなどの身体的虐待を想像しがちですが、法律上、高齢者虐待の定義はかなり多岐にわたります。

多岐にわたる「虐待」　高齢者虐待防止法では、2条4項で、「高齢者虐待」にあたる行為を定義しています。例えば、**養護している高齢者を衰弱させるほどに食事を与えない、長時間放置するなど、養護を著しく怠ること（同法2条4項1号ロ）や、高齢者の財産を不当に処分し利益を得ること（同法2条4項2号）などは、高齢者虐待にあたります。**

　このケースでも、親と2人暮らしをしている子どもが、**親が衰弱するほど長時間外出をしたり、食事の提供を怠ったりしていれば、高齢者虐待に該当します。**また、養護者（子ども）が、室内にごみを放置するなど、劣悪な住環境の中で高齢者（親）を生活させた場合も、同じように、高齢者虐待に該当する可能性があります。

　さらに、養護者が寝たきりの方の介護を怠り、放置した場合、保護責任者遺棄罪（刑法218条）が成立する可能性もあります。この場合、懲役3カ月以上5年以下に処せられます。

　一方で、高齢者虐待防止法には、養護者の負担を軽減するために、市町村が行うべき支援策（14条）や、高齢者の虐待を防止するための連携協力体制なども規定されています（16条）。

　自分1人で抱えるとパンクしてしまいますから、お住まいの自治体に相談をする、ヘルパーさんも利用するなどしながら、できるだけ個人の負担が過度にならないようにしてくださいね。

86

夫婦ゲンカでつい
手を出してしまう

設例 ここ数年、妻とはケンカばかり。あまりの罵詈雑言（ばりぞうごん）に感情的になってしまい、つい一発、手が出てしまいました。DVで訴えられないかと心配です。

傷害罪や暴行罪が
成立しうる！

たとえ罵詈雑言を浴びても、
たった一発でも、暴力はアウトです！

平成13年に配偶者からの暴力の防止及び被害者の保護などに関する法律（いわゆるDV防止法）が施行され、同年の流行語トップテンにも「ドメスティック・バイオレンス（DV）」という言葉が入り、「DV」という言葉は急速に社会に浸透していきました。

DVに明確な定義はありませんが、一般的には配偶者や恋人など親密な関係にある、またはあったものから振るわれる暴力、という意味で使用されます。この「暴力」とは、身体的暴力だけでなく、人格を否定するような暴言などの精神的暴力も含まれます。

このケースのような場合、手を出したほうはたった1回と思うかもしれませんが、出されたほうは、身体だけではなく心にも大きな傷を負うことでしょう。**配偶者や交際相手に暴力を振るう権利は誰にもありません。1回といえども、身体的暴力の場合には傷害罪（刑法204条）や暴行罪（同法208条）が成立し得ます。**

**暴力が
ひどい場合** 場合によっては、被害者がDV防止法に基づく保護命令の申立てをすることができます。①配偶者など（生活の本拠を共にする交際相手も含む）からの暴力を受け、②さらなる身体に対する暴力により生命または身体に重大な危害を受けるおそれが大きい場合、裁判所が申立てを認め、被害者への接近禁止や住居からの退去などの保護命令を発出します。この保護命令に違反した場合、1年以下の懲役または100万円以下の罰金に処せられます（同法29条）。

暴力では何も解決しません。感情が高ぶったときは、一度大きく深呼吸をして、自分の感情を沈めましょう。とっさの行動が、取り返しのつかない事態を引き起こさないよう、気を付けてください。

おわりに

　最後までお読みいただき、ありがとうございました。
「あ、それやってた！」と心当たりのあるものは、いく
つありましたでしょうか？

　私がアナウンサーになったのは、「その人が動き出す
きっかけになるような番組を作りたい」という想いから
でした。その人の人生を変えるなどと大それたことは言
わないけれど、同じ事実でも、見せ方・伝え方によっ
て、受け手の心に響かせることができるはず。その気付
きが、その人が行動するきっかけになってくれたらうれ
しいと思っていました。
　そして、その想いは弁護士になったいまも変わりませ
ん。本書は弁護士が読むような専門書ではありません。
全体像をつかんでいただくことに主眼を置きました。本
書を通して、日常生活にいかに法律がかかわっているか
ということに気付いて日々の行動が変わったり、ニュー
スを見るときに、少し法律の視点を持ったりして頂けれ

ば、うれしいですし、もっと知りたいと思って、深く学んで頂ければ、なおうれしいです。法律は、知っておいて損はありません。

　その一方、私はなんでもかんでも法律で規制をしようという考え方には賛同できません。過度な規制は、自分の頭で考えることを放棄することにつながりますし、法律がなければ何をしても OK という風潮をかえって助長しているのではないかと思うところもあるからです。
　私が尊敬する作家の故・外山滋比古さんは、知識は過去、思考こそ新しいものを作る力であり、自分で考える力が大切だと常々おっしゃっていました。今回皆さんがこの本で得たことは知識です。それを知識のままにとどめずに、なぜこんな規制があるのだろう、この規制があるということは、こういう場合はどうなんだろう？　と思考を巡らせて頂きたいです。

　特にこのコロナ禍においては、自分の頭で考え、行動することが大切だなと思うことがたくさんありました。先行き不透明な世の中だからこそ、何も決まりがないか

らと好き勝手をするのではなく、みんなで知恵を出しあって、自律的な共存を目指していくべきなのではないかなと思います。

　法律は私たちの生活のルールですから、使いづらいとなれば、時代とともにその内容は変化して当然です。本書でも明らかな通り、10年前の当たり前が、いまでは非常識になっていることもありますよね。
　本書に書かれていることも、時代に合わないと思われる日が来るかもしれません。数年後？　10年後？　そのときは、またアップデートした本を執筆したいと思います。

菊間千乃

| 著者紹介 |

菊間千乃 きくま・ゆきの

弁護士法人松尾綜合法律事務所　弁護士
早稲田大学法学部卒業。1995 年、フジテレビ入社。
アナウンサーとしてバラエティーや情報・スポーツ
など数多くの番組を担当。2005 年、大宮法科大学院
大学（夜間主）入学。07 年、フジテレビ退社。11
年、弁護士登録（第二東京弁護士会所属）。19 年、
早稲田大学大学院法学研究科先端法学専攻知的財産
法 LL.M. コース修了。紛争解決、一般企業法務、
コーポレート・ガバナンスなどの分野を中心に幅広
く手がけている。

Instagram
@kikuma_yukino

| 執筆協力 |

大嶽雄輝 おおたけ・ゆうき

弁護士法人松尾綜合法律事務所　弁護士
慶應義塾大学法学部法律学科卒業。2010 年、慶應義塾大学大学院法務研究科修了。13 年、弁護士登録（東京弁
護士会所属）。19 年、慶應義塾大学大学院法務研究科　グローバル法務専攻（グローバル法務修士）修了。訴訟
や企業法務、一般民事など幅広い業務を行うほか、スポーツ法分野にも積極的に取り組んでいる。

古谷健太郎 ふるや・けんたろう

弁護士法人松尾綜合法律事務所　弁護士
立教大学法学部法学科卒業、2013 年、慶應義塾大学大学院法務研究科修了。14 年、弁護士登録（東京弁護士会
所属）。紛争解決、企業法務、渉外取引などに従事している。

前里康平 まえさと・こうへい

弁護士法人松尾綜合法律事務所　弁護士
早稲田大学法学部卒業。2018 年、早稲田大学法科大学院修了。19 年、弁護士登録（東京弁護士会所属）。主とし
て企業法務、一般民事事件、訴訟を扱う。

いまはそれアウトです!
社会人のための身近なコンプライアンス入門

発行日　2020年10月2日　第1刷
発行日　2020年10月9日　第2刷

著者　　　菊間 千乃

本書プロジェクトチーム
編集統括	柿内尚文
編集担当	菊地貴広
デザイン	杉山健太郎
編集協力	根村かやの、川畑英毅
イラスト	村山宇希
校正	中山祐子
DTP	山本秀一、山本深雪（G-clef）

営業統括	丸山敏生
営業推進	増尾友裕、藤野茉友、綱脇愛、渋谷香、大原桂子、桐山敦子、矢部愛、寺内未来子
販売促進	池田孝一郎、石井耕平、熊切絵理、菊山清佳、櫻井恵子、吉村寿美子、矢橋寛子、遠藤真知子、森田真紀、大村かおり、高垣真美、高垣知子
プロモーション	山田美恵、林屋成一郎
講演・マネジメント事業	斎藤和佳、志水公美

編集	小林英史、舘瑞恵、栗田亘、村上芳子、大住兼正
メディア開発	池田剛、中山景、中村悟志、長野太介、多湖元毅
総務	生越こずえ、名児耶美咲
管理部	八木宏之、早坂裕子、金井昭彦
マネジメント	坂下毅
発行人	高橋克佳

発行所　株式会社アスコム

〒105-0003
東京都港区西新橋2-23-1　3東洋海事ビル
編集部　TEL：03-5425-6627
営業部　TEL：03-5425-6626　FAX：03-5425-6770

印刷・製本　中央精版印刷株式会社

©Yukino Kikuma　株式会社アスコム
Printed in Japan ISBN 978-4-7762-1098-6